Stb

Ludmilla Weidner (Lumira), geboren 1969 in Kasachstan, ist verheiratet und hat drei Kinder. Sie ist gelernte Krankenschwester. Eine Begegnung mit einem erfahrenen Geistheiler brachte sie nach Deutschland. Hier befasste sie sich mit Psychologie, Schamanismus und Kinesiologie; später gründete sie ein Haus für spirituelle Entwicklung, wo sie auch selbst Kurse gibt.

www.lumira.de

Anna-Christine Rassmann lernte Lumira in einem ihrer eigenen Seminare kennen. Selbst ist sie Übersetzerin spiritueller Bücher, hat eine Ausbildung in Transpersonaler Psychotherapie, gibt Bachblüten-, Meditations- und Tanzkurse. Außerdem arbeitet sie mit behinderten Menschen.

www.anna-christine-rassmann.de

Die Lumi-Methode ist eine von Lumira entwickelte Methode zur Befreiung gebundener Energien. Der Leser lernt, sich die Kraft der Farben und inneren Bilder zunutze zu machen, um die eigenen Selbstheilungskräfte zu aktivieren. Die Methode ist von jedem und überall anwendbar – auch ohne Vorkenntnisse.

Lumira Weidner

Anna-Christine Rassmann

Die Lumi-Methode

Ein kreativer Weg zu innerer Ganzheit

Stb

Originalausgabe

ISBN 978-3-89767-684-8

1. Auflage 2010

Umschlaggestaltung: Murat Karaçay
unter Verwendung des Bildes Nr. 12004994 von Colorsky
www.fotolia.de
Redaktion: Beate Christmann, Schirner
Satz: Sebastian Carl, 83123 Amerang
Printed by: Reyhani Druck & Verlag, Darmstadt, Germany

www.schirner.com

In mir verbergen sich Schätze
von ungeahntem Wert und unermesslicher Kostbarkeit.
Nur ich selbst kann an sie herankommen, sie befreien,
um sie für mein Wohl und das Wohl des
Ganzen einzusetzen.
Ich muss meinen ganzen Mut zusammennehmen
und mich auf den Weg in meine
innere Welt begeben.

LUMIRA

Für

Nikolai, Elly, Thomas und Felix

Inhalt

Einleitung

Jeder von uns möchte gesund und glücklich sein. Wir sind bereit, viel Geld für Ärzte und Therapeuten auszugeben, von denen wir uns erhoffen, dass sie uns heilen können. Die Pharmaindustrie lebt von unserer Sehnsucht nach Heilung.

Was wir täglich erleben, ist allerdings, dass unser Körper sich selbst heilt. So sagt man über den Schnupfen volkstümlich, dass er ohne Behandlung eine Woche anhält, und wenn man zum Arzt geht sieben Tage. Wunden und Verletzungen heilen nicht durch äußere Einwirkung, sondern von selbst, nachdem man den Schmutz daraus entfernt und sie mit einer schützenden Hülle umgeben hat. Wir sagen auch, wir »schlafen uns gesund«, das heißt, im Schlaf weiß unser System offenbar, was es tun muss, um wieder optimal funktionieren zu können.

Auch seelische Verletzungen heilen, wenn wir etwas Schönes erleben, wenn uns jemand liebevoll zuhört, wenn wir in der Natur sind oder eine bestimmte Art von Musik hören. Der Schlüssel bei all diesen spontanen Heilungserlebnissen scheint Ruhe zu sein und – weil sie wiederum zur Entspannung führt – liebevolle Zuwendung.

Im entspannten Zustand sortiert sich alles von selbst,

kommt mühelos wieder in seine ursprüngliche, natürliche Ordnung. Jede Art von Anspannung, Angst oder Stress hingegen scheint den Körper in einer Art Hab-Acht-Stellung einzufrieren, in der nichts fließen kann, auch nicht die Botenstoffe oder Körpersäfte, die die heilenden Informationen an den Ort und die Stelle bringen würden, wo sie benötigt werden. Sorgenvolle Gedanken, negative Gefühle, Schlafmangel, alles, was dauerhaft Anspannung in uns erzeugt, verhindert also effektiv unsere Heilung.

Das Beste, was wir für unsere Gesundheit und unser Wohlbefinden tun können, ist daher, uns zu entspannen oder es gar nicht erst zu Stress kommen zu lassen. Stell dir vor, du fährst bei strömendem Regen schlecht gelaunt zur Arbeit, möchtest eigentlich am liebsten umkehren und überlegst dir bereits, was du deinem Chef heute alles Unfreundliches sagen wirst! Stattdessen solltest du besser zusehen, wie die Regentropfen ihre Bahnen auf der Scheibe ziehen, oder einfach beobachten, was in dir vor sich geht. Dann könntest du ganz entspannt im Hier und Jetzt sein – und auf dem besten Weg zu Glück und Gesundheit.

»Als ob das so einfach wäre!«, sagst du jetzt vielleicht. Leicht ist es nicht, das stimmt. Wir haben schließlich nicht gelernt, die Welt wertfrei zu betrachten und in uns selbst zur Ruhe zu kommen. Stattdessen hat man uns beigebracht, zu funktionieren. Wir leben und handeln nach Kriterien, die nicht unseren natürlichen Bedürfnissen entsprechen. Wir haben gelernt, unsere eigenen Bedürfnisse zu ignorieren und es allen recht zu machen – nur nicht uns selbst. Wir sind abgelehnt oder bestraft worden, wenn wir nicht so gehandelt haben, wie es von uns erwartet wurde, und haben diese äußeren Werturteile im Laufe der Jahre zu unseren eigenen gemacht. So haben sich bestimmte Verhaltensmuster entwickelt, die jetzt unser Leben bestimmen und die wir nicht ohne Weiteres ablegen können. Wie auch: Sie sind uns ja meistens gar nicht bewusst.

Die Empfehlung, im Hier und Jetzt zu leben, ist also ein guter Rat. Aber können wir dieses Ziel überhaupt erreichen? Trotz all der Fehlprogrammierungen, die uns schon in Fleisch und Blut übergegangen sind? Ja, das können wir – und sogar aktiv etwas dafür tun!

Um dieses Tun so angenehm wie möglich zu gestalten, haben wir eine kreative, bildreiche und gefühlvolle Methode entwickelt, die Spaß macht. Mit ihrer Hilfe dringst du zum Kern der Schwierigkeiten vor. Du holst die verborgenen Potenziale und Talente ans Tageslicht, sodass du sie in dein Leben integrieren kannst. Du lernst dich kennen mit all deinen ungeahnten Talenten, mit deiner ganzen Kraft, Schönheit und inneren Weisheit. Das ist nicht übertrieben. Und: Es kostet nichts!

Du bedienst dich dafür ganz einfacher Hilfsmittel: deiner Wahrnehmung, deines Atems und der Farben und Bilder, die ganz von selbst in dir entstehen. Lass dich von der Einfachheit dieser Mittel nicht täuschen: Sie sind unglaublich effektiv und bewirken eine tiefe Wandlung auf allen Ebenen! Sie können buchstäblich, wie im Märchen, Steine in Gold verwandeln.

Einführung

Wenn du hervorbringst, was in dir ist, wird das,
was du hervorbringst, dich heilen.
Wenn du nicht hervorbringst, was in dir ist,
vermag das, was du nicht hervorbringst,
dich zu zerstören.

Jesus zugeschrieben

Wir stellen hier eine Methode vor, mit deren Hilfe du, indem du alles annimmst, was du in dir findest, auch alles transformieren kannst.

Die Lumi-Methode heißt so, weil Lumira sie erfunden hat und weil der Name an »Illumination« denken lässt – was uns wiederum an viele bunte Lämpchen erinnert. Jeder kann diese Methode anwenden, Therapeuten ebenso wie Laien. Du kannst selbst damit ein bestimmtes körperliches, emotionales oder lebenspraktisches Problem bearbeiten – oder du kannst deinen Freunden oder deinen Kindern damit helfen. Und du kannst die Methode, wenn du therapeutisch arbeitest, in deiner Praxis anwenden. Sie ist ein kreatives Verfahren, das sich sehr gut mit anderen Methoden kombinieren lässt, zum Beispiel mit Massage oder anderen Körpertherapien, mit Focussing, Gesprächstherapie, Kinesiologie oder schamanischer Arbeit.

Angefangen bei kleinen Alltagsproblemen, wie Angst, wenn die Kinder zu spät aus der Schule kommen, Warzen an den Händen, Hexenschuss oder Schlafstörungen, bis hin zu schwerwiegenden Problemen, wie Existenz- oder Todesängsten und bedrohlichen Krankheiten, kannst du buchstäblich ALLES mithilfe der Lumi-Methode verwandeln. Mit ihr befreist du die in einem Problem gebundene Energie. Dadurch wirst du ganz, heil.

Du kannst die Methode in vielen Lebenslagen durchführen, direkt an Ort und Stelle, in dem Augenblick, wo das Problem auftritt. Wenn du im Stau stehst zum Beispiel, in der Warteschlange im Supermarkt, in der S-Bahn, im Zahnarzt-Wartezimmer, im Bett, im Café. Du brauchst nicht zu warten, bis jemand Zeit für dich hat oder bis du Geld für eine Beratung aufbringen kannst!

Eine Freundin verwendet die Lumi-Methode erfolgreich in ihren ayurvedischen Massagesitzungen. Sie berichtet, dass die Menschen sich mit ihrer Hilfe auf der Liege völlig verwandeln und die körperlichen Blockaden buchstäblich unter ihren Fingern verschwinden. Eine andere Freundin baut sie in ihre schamanischen Sitzungen und Seminare mit ein und ist begeistert von der Wirkung. Sie kombiniert die Methode auch sehr erfolgreich mit Familienaufstellungen. Unser Heilpraktiker, der unter anderem mit der Dorn- und der Craniosacral-Methode arbeitet, meint, er habe noch nie so gute und schnelle Ergebnisse erzielt wie in der Kombination mit der Lumi-Methode.

Die Lumi-Methode erfordert von dir keine Vorkenntnisse, sondern nur die Bereitschaft, dich auf dich selbst einzulassen – und einige grundlegende Einstellungen, die du dir vielleicht noch nicht zu eigen gemacht hast. Auch wir haben sie erst mit der Zeit entwickelt bzw. arbeiten immer wieder daran. Bevor wir die eigentliche Methode erklären, scheint es uns daher wichtig, die einzelnen Überzeugungen, auf denen die Methode aufbaut, kurz zu erläutern.

Die »positive Absicht«

Eine Situation kommt so lange
immer wieder, bis ich den Schatz
in ihr erkannt und angenommen habe.

ANNA-CHRISTINE RASSMANN

Was die Lumi-Methode von anderen Ansätzen unterscheidet, ist, dass sie bei jedem Problem nach der positiven Absicht fragt. Wir gehen aufgrund unserer Erfahrungen davon aus, dass alles in unserem Leben, auch die scheinbar bösartigste Krankheit und alle noch so widrigen Umstände, eine positive Absicht hat.

Du kennst vielleicht die Bücher »Krankheit als Weg« und »Schicksal als Chance« von Thorwald Dethlefsen und Rüdiger Dahlke[1]. Diese beiden Autoren waren die ersten uns bekannten, die diese für die Schulmedizin damals neue These formuliert haben. Sie vertraten die Überzeugung, dass scheinbare Widrigkeiten etwas Positives in sich bergen, ein Geschenk, das das Leben uns machen will. Wenn wir herausfinden, welches Geschenk das Leben

---

1 Dahlke, Rüdiger / Dethlefsen, Thorwald: *Krankheit als Weg. Deutung und Bedeutung der Krankheitsbilder.* München 2008. Dethlefsen, Thorwald: *Schicksal als Chance.* München 1998.

uns mit einer Krankheit, einer unangenehmen Situation, einer schwierigen Beziehung oder sonstigen Widrigkeit machen will, und dieses Geschenk annehmen, haben wir die Voraussetzung dafür, künftig gesund und glücklich zu leben – und als Menschen unsere wahre Kraft und Schönheit zu entfalten.

Natürlich brauchen wir nicht zu warten, bis das Leben sozusagen als letztes Mittel zu einer Krankheit greift, um uns klarzumachen, dass wir irgendwo nicht im Einklang mit ihm – das heißt mit uns selbst – sind. Die Zeichen sind schon vorher da. Die Frage ist lediglich, ob wir hinschauen und sie wahrnehmen. Alles, was uns bewegt oder begeistert oder eine »Saite in uns zum Schwingen bringt«, ist eine Botschaft des Lebens, egal ob das, was uns da berührt, angenehm für uns ist oder unangenehm: Reklame, die uns ins Auge springt, ein Satz, den irgendjemand sagt und der uns im Ohr hängen bleibt, ein Buch, das uns »in die Hände fällt«, die Unordnung der Kinder, die uns aufregt, der bestimmte Ton in der Stimme der Chefin, bei dem sich uns die Nackenhaare sträuben, gewisse Eigenarten unseres Partners oder unserer Partnerin, die uns auf die Palme bringen, der Fahrradreifen, der zum dritten Mal in einem Monat platt ist, politische Vorfälle, über die wir uns aufregen … Wir haben beide immer und immer wieder die Erfahrung gemacht, dass uns diese Dinge bzw. Ereignisse oder Menschen deshalb berühren oder stören, weil sie uns auf etwas aufmerksam machen möchten.

Wenn wir gefühlsmäßig heftig auf irgendeine Begebenheit reagieren, hat sie etwas mit uns zu tun! Sie löst in uns etwas aus, was wir uns ansehen sollten.

Nehmen wir ein klassisches Beispiel: Deine halbwüchsigen Kinder machen Unordnung im Haus. Das geht dir auf den Wecker. Was will dieser Wecker wecken? Er will dir bewusst machen, dass du selbst irgendwo in dir Chaos hast, dass du nicht in deiner Mitte bist. Wenn du es nämlich wärst, würde dich die äußere Unordnung nicht stören. Du könntest gelassen damit umgehen und würdest dadurch Ruhe in die Familie bringen, die sich sicherlich auch auf das Ordnungsverhalten der Kinder auswirken würde. Schau genau hin: Die äußere Unordnung, die dich so nervt, ist eine wunderbare Botschaft für dich! Nimm sie an, und dein Leben wird reicher.

Ein anderes Beispiel: Du hast Schwierigkeiten mit einem bestimmten Kollegen. Wenn man dich fragt, was dich an ihm so stört, sagst du vielleicht: »Der redet so viel.« Wenn du genauer hinschaust, merkst du vielleicht, dass es ein bestimmter Ton in seiner Stimme ist, der dich mit einer eigenen Angst in Kontakt bringt, vielleicht der Angst, nicht beachtet zu werden. Der Schmerz des Nicht-beachtet-Werdens, der auch in dir sitzt, lässt dich selbst oftmals sehr viel reden. So macht dich dieser unangenehme Kollege auf einen eigenen Schmerz aufmerksam, den du, indem du dich liebevoll darum kümmerst, heilen kannst. Du wirst merken, dass dich dann das viele Reden des Kollegen nicht mehr stört. (Es kann auch sein, dass der Kollege plötzlich weniger redet oder in eine andere Abteilung versetzt wird!)

Vielleicht regst du dich auch darüber auf, dass deutsche Soldaten nach Afghanistan geschickt werden. Bei näherem Hinsehen wird dir dann möglicherweise bewusst, dass es schmerzhafte Erinnerungen in dir weckt, wenn junge Männer in den Krieg geschickt werden. Dass es dich deshalb so wütend macht, weil du dich der Willkür der Politiker so hilflos ausgeliefert fühlst. Wenn du diese Hilflosigkeit liebevoll annimmst, entdeckst du möglicherweise, dass du gar nicht so abhängig bist, wie du dachtest, und du kommst aus deinem Opferdenken heraus. Das wiederum ist ein wunderbares Geschenk des Lebens an dich!

»Ja, soll ich es denn jetzt toll finden, wenn eine Stadt bombardiert wird, wenn unschuldige Menschen vertrieben werden, verhungern oder bei einer Naturkatastrophe umkommen?«, fragst du vielleicht. Natürlich nicht! Es geht um deine eigene Reaktion auf die Dinge, die da draußen passieren. Solange du dich hilflos ausgeliefert, als Opfer der Umstände fühlst, kannst du nichts ändern. Im Gegenteil: Deine Hilflosigkeit macht dich wahrscheinlich wütend. Diese Wut aber benutzt du kontraproduktiv, indem du all die Kraft, die in ihr steckt, dem zukommen lässt, was du nicht willst. Du schenkst deine Aufmerksamkeit, zusammen mit deiner wunderbaren Lebenskraft, genau den Dingen, die du ablehnst! Das, was du nicht willst, bekommt deine Kraft und wird dadurch sehr stark. (Was glaubst du, was passieren würde, wenn nicht alle schreien würden: »Wir wollen keinen Krieg!«, sondern all ihre Kraft für den Frieden einsetzen würden?)

Ein weiteres Beispiel aus dem öffentlichen Leben: Gegen den Sendemast in deinem Dorf zu sein, bringt ihn garantiert an die Stelle, wo du ihn nicht haben willst. Stell dir lieber das Dorf heil und leuchtend vor, die Bewohner gesund und glücklich! Das ist es doch, was du möchtest! Verschwende nicht deine Macht auf Bilder von Dingen oder Ereignissen, die du gar nicht willst! Dass du aus deiner wütenden Hilflosigkeit herauskommst, ist nicht nur für dein eigenes Wohlbefinden wichtig, sondern auch für das der anderen.

Wir sind leider so erzogen und sozialisiert, dass wir uns als Opfer fühlen: als Opfer der Regierung, als Opfer unserer Eltern und Lehrer, als Opfer der wirtschaftlichen Verhältnisse, als Opfer des Schicksals. Wie oft sagst oder denkst du: »Ja, wenn ich gesund (oder nicht so dick, so dünn, so hässlich, so dumm) wäre, dann würde ich … Aber ich kann ja nicht.« Oder: »Wenn mein Mann/meine Frau nicht so … wäre, könnten wir so glücklich sein!« Oder: »Wenn ich leben würde, wo es warm ist, dann …!«, »Wenn ich die richtige Ausbildung hätte, dann ...!«, »Wenn ich im Lotto gewinnen würde, dann ...!« Alle diese Sätze machen dich zum Opfer. Du meinst, nicht hier und jetzt glücklich und zufrieden sein zu können, weil irgendjemand oder irgendetwas dir das Leben schwermacht.

Wenn du möchtest, nimm einen Stift und ein Blatt Papier zur Hand, und schreib dir auf, was dich in deinem Leben alles daran hindert, glücklich zu sein. Notiere alles, was du meinst, nicht ändern zu können, jede Situation, in der du dich als Opfer fühlst. Die Liste könnte vielleicht so aussehen:

- »Ich bin zu fett.«
- »Ich bin zu alt.«
- »Ich habe nicht die richtige Ausbildung.«
- »Ich habe den falschen Partner.«
- »Mit meinen Talenten kann man nichts anfangen.«
- »Ich habe kein Geld.«
- »Die weltpolitische Lage ist so schwierig.«
- »Bei dem Wetter kann kein Mensch gute Laune haben.«
- »Ich kann nicht schlafen.«
- »Ich lebe im falschen Land.«
- »Meine schwierige Kindheit ist an allem schuld.«

Das sind nur ein paar Beispiele, die sich beliebig erweitern lassen, und deine Liste sieht vielleicht ganz anders aus. Aber es wird sicherlich interessant für dich sein, zu sehen, was alles es scheinbar unmöglich macht, das Leben zu führen, nach dem du dich sehnst. Manchmal führt das bloße Aufschreiben dieser »Hindernisse« schon dazu, dass man lachen muss, weil einem klar wird, was für ein Unsinn da steht!

Falls du nicht lachen musst, sondern findest, dass du nur die Wahrheit aufgeschrieben hast, dann öffne dich jetzt einmal dem Gedanken, dass das Universum dir mit dem grässlichen Wetter, der fürchterlichen Weltpolitik, deinem Hexenschuss, dem sturen Ehemann oder den ständigen Kopfschmerzen möglicherweise einen Hinweis geben will, wie du die Dinge zum Besseren wenden könntest. Du wirst merken, dass das deinem Leben eine ganz neue Perspektive gibt: Es wird richtig spannend!

Was dich an dir und an anderen nervt oder stört, ist etwas, was dir nicht mehr entspricht, etwas, was von dir fordert, dass du dich weiterentwickelst. Menschen oder Situationen, die dich wütend machen oder abstoßen, sind also in Wirklichkeit deine Freunde, denn sie bringen dich dazu, etwas anzuschauen und zu verwandeln, was entwicklungsbedürftig ist.

Und das ist, wenn du wirklich darüber nachdenkst, etwas Gewaltiges. Stell dir vor: Jeder einzelne Mensch übernimmt hundertprozentig die Verantwortung für sich und sein Leben und erkennt den Sinn in dem, was ihm begegnet. Niemand bekämpft mehr seinen Schatten, wenn er ihm begegnet, sondern begrüßt ihn freudig als Wachstumschance! Die Welt, in der wir leben, würde sehr anders aussehen, wenn jeder das täte …

Vertrauen in deine eigene Wahrnehmung

Es gibt eine kleine, leise Stimme in jedem von uns,
die weiß, was richtig ist, und die uns führt.
Wir müssen nur hinhören.

Anna-Christine Rassmann

Vielleicht glaubst du ja auch schon an die positive Absicht, die allem zugrunde liegt, hast aber noch Schwierigkeiten, herauszufinden, welche Botschaft in dem steckt, was dich nervt, stört oder krank macht. Vielleicht fühlst du dich hilflos, zermarterst dir das Hirn und weißt nicht, wen du fragen kannst. Oder du hast Schuldgefühle, weil du dir sagst: »Ich bin krank, aber ich bin ja selbst schuld. Ich weiß zwar nicht, was ich verbrochen habe, aber Opfer gibt es nicht. Ich bin also selbst für mein Leid verantwortlich. (Ich habe ja schon immer gewusst, dass ich ein Versager bin.)« So ist das natürlich nicht gedacht!

Ich, Anna-Christine, bete immer, wenn ich mir über eine positive Absicht, die sich hinter einer Situation verbirgt, nicht im Klaren bin. Ich sage: »Lieber Gott, oder wer immer hier Bescheid weiß, ich verstehe nicht, was hier vor sich geht. Bitte sag mir mal, was los ist.« Dann setze ich mich ruhig hin und warte auf eine Antwort. Wenn ich es wirklich ernsthaft wissen will, erhalte ich immer eine Antwort. Sie kommt häufig in Form eines Bildes, eines Gefühls, einer Szene, die mir plötzlich einfällt, oder auf irgendeine andere Art. Beispielsweise rief mich einmal eine Freundin, von der ich lange nichts gehört hatte, an und erzählte mir beiläufig etwas, was mir dann sehr weiterhalf. Es ist so einfach! Wichtig ist nur, dass man daran glaubt und wirklich ernsthaft eine Antwort haben will.

Verbinde dich mit der Kraft in dir, die weiß, mit der göttlichen Weisheit in dir, die den Überblick und Zugang zu allen Informationen hat. Diese Kraft ist immer da, auch wenn dir das manchmal nicht bewusst ist. Sie spricht in Träumen zu dir und in freudschen Fehlleistungen, in Bildern, Bauchgefühlen und Körperempfindungen.

Du musst dich nur mit ihr verbinden und den Antworten, die du erhältst, vertrauen. Jeder kann das, und alle Fragen sind erlaubt. Zum Beispiel: »Welche positive Absicht hat dieser Schnupfen? Was für eine positive Absicht steckt dahinter, dass ich kein Geld habe? Und hinter den Hungersnöten und Kriegen auf der Welt? Welche positive Absicht haben die Schulprobleme meines Kindes? Welche positive Absicht steckt dahinter, dass mein Partner so gemein zu mir ist?« Probiere es aus, und vertraue! Du bekommst eine Antwort.

Vielleicht sagst du jetzt: »Ich habe mir schon so oft diese Fragen gestellt. Aber woher weiß ich, ob ich mir die Antworten nicht selbst ausdenke? Also ich glaube nicht, dass das, was mir da einfällt, eine tiefere Wahrheit ist.« Ein solcher Gedankengang kann zwei Ursachen haben. Entweder du erkennst ganz richtig, dass es dein eigener Verstand (dein Ego) ist und nicht deine innere Weisheitsinstanz, die dir die Antwort gibt, und vertraust ihr zu Recht nicht so ganz. Oder du vertraust generell keinen Antworten, die von dir selbst kommen. Sollte die zweite Variante zutreffen, möchten wir dich ermuntern, dir doch einfach mal zu vertrauen. Probier es aus, und sieh, wohin es führt. (Es gibt auch eine Bachblütenessenz, die dich unterstützen kann: Cerato, Bleiwurz. Die Blüte ist für Menschen, die kein Vertrauen in ihre eigene Intuition haben.)

Trifft eher die erste Variante zu, hier ein Tipp: Die Stimme der Weisheit ist nicht vorlaut. Sie ist überhaupt nicht laut. Sie ist eher ein Bauch- oder Herzgefühl als ein Kopfwissen, eine kleine, leise Stimme, die sich richtig anfühlt. Wenn du also eine Antwort bekommst und nicht weißt, ob sie richtig ist, dann schau, wie sie sich anfühlt. Richtige Antworten fühlen sich auch richtig an, das heißt friedlich, sachlich, einfach. Wenn deine innere Stimme klingt wie deine Mutter, Tante Elke oder die frühere Mathe-Lehrerin, dann ist es nicht die richtige!

Manche Menschen werden, wenn sie irgendetwas Inneres wahrnehmen sollen, sofort müde oder schlafen ein, rutschen auf dem Stuhl herum, kriegen Hunger oder müssen auf einmal unbedingt aufräumen oder die Fenster putzen. Das alles sind Anzeichen für inneren Widerstand! Dahinter steckt meist eine unbewusste Angst, auf schmerzhafte oder »verbotene« Dinge zu stoßen. In diesem Fall musst du zuerst an deinem Widerstand arbeiten.

Wenn du also das Thema »häufige Kopfschmerzen« bearbeiten möchtest und schon bei der Vorstellung, in dich hineinzugehen und nachzuschauen, wo das Problem sitzen könnte, müde wirst und fast einschläfst, dann lass das Thema Kopfschmerzen gehen, und frage dich nach der Stelle, wo die Müdigkeit sitzt. Oder wenn du eigentlich deine Angst um die Zukunft bearbeiten möchtest und stattdessen plötzlich den heftigen Drang verspürst, jetzt sofort die Fenster zu putzen, dann schau dir als Erstes diesen Putzdrang an.

Es gibt auch die Situation, dass du einfach gar nichts fühlst. Dann nimm dieses Nichts an, und frag dich, wo es sitzt und wie genau es sich anfühlt. So bleibst du im Kontakt mit dir – und spürst nun doch etwas!

Natürlich kommt es auch vor, dass du mitten in einem

Prozess, den du frohgemut und erfolgreich begonnen hast, plötzlich müde wirst oder aufstehen möchtest. Dann schau dir an, wo diese plötzliche Müdigkeit sitzt, wo das Bedürfnis, aufzustehen, herkommt, und arbeite zunächst an diesen Widerständen. Du merkst mit der Zeit, dass das Unterbewusstsein kreativ ist, wenn es um das Erfinden verschiedener Formen von Widerstand geht, und fällst nicht mehr so leicht darauf herein.

Aber gib nicht auf! Die Widerstände sind bloß Anfangsschwierigkeiten. Wenn du ein paarmal gute Erfahrungen gemacht hast, werden sie von selbst verschwinden. Geh einfach offen, ohne irgendetwas Bestimmtes zu erwarten, an dich und dein Inneres heran. Sei neugierig, aber nicht fordernd. Und nimm alles an, was sich zeigt.

In Christel Katharina Deutschs *Gespräche mit der Göttin* sagt die Göttin: »Aber jeder Abgrund ist die Sohle eines Tales. Niemand kann also jemals ins Unendliche stürzen. Die Talsohle ist meine Hand, mein Kind.«[2]

---

2 Deutsch, Christel K.: *Gespräche mit der Göttin*. Berlin 2005.

Annehmen

Alles, was mir begegnet, ist ein Teil von mir.

Lumira

»Heilen« in seiner ursprünglichen Wortbedeutung heißt »ganz machen«, das bedeutet integrieren, in die Ganzheit meines Seins aufnehmen. Wir können nicht heil/ganz sein, wenn ein Teil von uns nicht sein darf, das liegt in der Natur der Sache. Sehr oft haben wir Teile von uns selbst abgespalten, weil wichtige Bezugspersonen diese Aspekte von uns abgelehnt haben. Oder aber wir haben Erinnerungen verdrängt, weil sie so schmerzhaft waren. Das Verdrängen und Verschleiern war in unserer Kindheit ein wichtiger Schutzmechanismus, der half, unser Überleben zu sichern. Später, in unserem Erwachsenenleben, drängen jedoch diese unbewussten Anteile wieder ans Licht. Sie wollen gesehen und liebevoll angenommen werden. Die Energie, die darin gebunden ist, bestimmte Dinge nicht zu sehen, brauchen wir für unser Leben. Zum Heilwerden ist es also notwendig, dass wir alle unsere Gefühle und Empfindungen, die angenehmen wie die unangenehmen, die in den Schatten, ins Unterbewusstsein oder nach außen verdrängt worden sind, als unsere eigenen anerkennen und annehmen. Sie werden so lange auf sich aufmerksam machen, bis wir das tun.

Wir sind es gewohnt, zu denken: »Das passt mir nicht, weg damit!« Bei Gefühlen wird das besonders deutlich. Oft erlauben wir es uns nicht, wütend zu sein. Vielleicht wurde uns die Liebe entzogen, wenn wir als Kinder Wut gezeigt haben, deshalb tun wir es jetzt nicht mehr. Wohin also mit der Wut? Wir unterdrücken sie, lehnen sie ab und sind »brav« – in der Hoffnung, dann geliebt zu werden.

Ähnlich wie mit der Wut ergeht es uns mit der Trauer. Als Kinder wurden wir getröstet, wenn wir weinten: »Das ist doch nicht so schlimm. Du brauchst doch nicht zu weinen!« Doch, man muss weinen! Wenn man Gefühle sich aufstauen lässt, brechen sie an anderer Stelle durch. »Ausweinen lassen!«, hat mein kleiner Sohn manchmal ärgerlich gesagt, wenn ich zu früh versuchte, ihn zu trösten. Wie recht er damit hatte!

Die Gefühlsenergie ist eine gigantische Kraft. Wenn sie frei fließen kann, sind wir gesund und glücklich. Wenn wir unsere Gefühle nicht wahrnehmen, können wir uns diese Kraft auch nicht nutzbar machen. Wir meinen dann vielleicht, sie sei irgendwo da draußen. Wir glauben dann nicht selten, andere wären böse, empfinden unsere Umwelt als bedrohlich. Doch das, was so bedrohlich zu sein scheint, ist nichts anderes als unsere eigene Kraft, die auf sich aufmerksam machen möchte. Sie bietet sich uns an, damit wir sie wieder zurücknehmen können und dadurch wieder ganz/heil werden.

Ein Beispiel aus der Praxis: Der siebenjährige Sohn einer Freundin bekam hin und wieder heftige Wutanfälle, schlug um sich, schrie und bedrohte manchmal sogar andere. Das war seiner Mutter natürlich sehr unangenehm, weil sie sein Verhalten verantworten musste und dadurch in Schwierigkeiten geriet. Auch hatte es ihr Sohn in der Schule ziemlich schwer.

Mit der Lumi-Methode fanden wir heraus, dass die Wut ihres Sohnes zum Teil auch ihre eigene war. Sie hatte schon als Kind ihre Wut stets unterdrückt, war immer ein braves Kind gewesen und hatte sich nie getraut, Erwachsenen gegenüber ihre Meinung zu sagen und für sich selbst und ihre kindlichen, menschlichen Bedürfnisse einzustehen. Doch ihr kleiner Sohn machte genau das: Er rebellierte, schrie und tobte, wenn er sich nicht ernst genommen fühlte, wenn ihm Erwachsene nicht authentisch erschienen. Bewundernswert! Er traute sich, Dinge zu tun, die sie nie zu tun gewagt hätte! (Das durfte sie natürlich der Schuldirektorin nicht sagen.)

Er machte sie also aufmerksam auf Dinge, die sie nicht angenommen hatte. Nachdem die Freundin ihre unterdrückte Wut wahrgenommen und angenommen hatte, beruhigte sich auch ihr Kind.

Wir verwenden viel Energie darauf, vor uns selbst davonzulaufen. Aber wir müssen uns selbst ansehen und uns liebevoll in die Arme schließen.

Wir behandeln dieses Thema so eindringlich, weil wir in unseren Seminaren immer wieder Teilnehmer erleben, die sich wünschen, dass wir ihre Probleme »wegmachen«. Doch diese Haltung ist kontraproduktiv.

Wenden wir die Methode an, kommt es nicht selten vor, dass wir erschreckende Bilder in uns finden: eine dunkle und furchterregende Gegend vielleicht oder bedrohliche Gestalten, hässliche Wesen, einen Sumpf oder einen Abgrund. Meistens wollen wir diese Bilder nicht anschauen und schon gar nicht als einen Teil von uns annehmen: Sie passen nicht in unser Selbstbild.

Eine ältere Dame zum Beispiel hatte während einer Reinkarnationstherapie eine fanatische und herrschsüchtige Papst-Gestalt in sich entdeckt. Sie hielt den »Papst« für eine Figur aus einem früheren Leben, von der sie jetzt besetzt war. Sie hatte schon mit einigen alternativen Therapiemethoden versucht, diesen »Papst« loszuwerden, aber sie fühlte sich zunehmend fremdgesteuert von dieser Gestalt. Nun versuchte sie, ihn mithilfe der Lumi-Methode loszuwerden. Erst nach langem Zureden war sie bereit, diese Gestalt genauer ins Visier zu nehmen, und entdeckte zu ihrem Erschrecken, dass sie ein Aspekt ihrer selbst war.

Es fiel ihr sehr schwer, das anzunehmen. Als es ihr jedoch schließlich gelang, vollzog sich eine tief greifende Veränderung. »So nah an mir habe ich mich noch nie gefühlt«, meinte sie hinterher.

Alles, was wir weghaben wollen, muss sich verteidigen, alles, was wir annehmen, kann sich verwandeln.

Achte also bitte darauf, dass du an die Arbeit mit dir in einer Haltung von liebevollem Annehmen herangehst. Alles, was da ist, hat eine positive Absicht, eine nützliche Kraft. Also nimm es an! Versuche nicht, irgendetwas, was du in dir findest, wegzumachen oder es zu verschönern. Nimm auch die scheußlichen, schwarzen, monströsen, durch und durch unangenehmen Bilder und Gefühle, denen du möglicherweise auf deiner Reise nach innen begegnest, einfach an. Du brauchst sie nicht mit Licht zu füllen, nicht in rosa Seidenpapier zu wickeln, nicht zu putzen oder zu schminken, nicht wegzuschicken. Nimm sie einfach erst einmal als das an, was sie sind: verleugnete, traurige, versteckte, vernachlässigte Teile deiner selbst. Stell dir vor, du wärst jahrzehntelang in einen Keller gesperrt worden, ohne Licht und Zuwendung. Wie sähest du dann aus? Fröhlich und licht? Sicher nicht! Du sähest schrecklich aus, wärst wahrscheinlich wütend oder völlig resigniert. Und nachdem du entdeckt worden bist, willst du sicher nicht in den Mülleimer geworfen werden, weil du stinkst! Du willst auch nicht geschminkt und in ein rosa Kleidchen gesteckt werden, oder? Nein! Du brauchst Mitgefühl und ganz viel liebende Zuwendung! Du willst erst mal angenommen werden als ein lebendiges Wesen, das unter Mangel an Zuwendung leidet. Erst dann wirst du dich langsam erholen und ganz von selbst wieder zu dem werden, was du eigentlich bist: ein lebendiges, fröhliches, helles, starkes, friedliches Wesen.

Oft sind es unsere wertvollsten Anteile, die wir in den Keller gesperrt haben. Die, die eigentlich sagen wollen: »Schau hin! Du bist wunderschön! Du bist stark! Du bist ein machtvolles, wunderbares Wesen! Du bist ein Mensch und keine Aufziehpuppe, die tut, was andere ihr sagen.«

Also erschrick nicht, wenn du Monstern oder hässlichen, dunklen, ekligen Bildern in dir begegnest. Schau sie wohlwollend an. Es sind keine Monster, sondern Teile von dir, die nur deshalb monströs aussehen, weil sie so lange keine Zuwendung bekommen haben.

Manchmal weisen uns auch Träume auf solche nicht integrierten Anteile hin. Eine Klientin erzählte mir von einem solchen Traum, in dem ihr – sie war im Traum eine elegant und recht bieder gekleidete junge Dame in einem vornehmen Restaurant – immer wieder Mitglieder der aus englischen Comics bekannten »Horror Family« über den Weg liefen. Wohin sie auch ging, auf die Toilette, an den

Tisch, in den Garten, überall begegnete sie diesen grässlichen Gestalten. Sie wandte sich immer voller Abscheu und Ärger ab. Doch irgendwann kam sie nicht umhin, sich ihnen zuzuwenden, und fand sie dann gar nicht mehr so schlimm. Am Ende des Traumes wälzte sie sich vergnügt mit ihnen in der Gosse und genoss das sehr. (Ihre Mutter hatte immer davon gesprochen, sie werde »in der Gosse landen«, wenn sie sich nicht anständig benähme!) Der Traum machte ihr bewusst, wie sehr sie sich mit Bravheit und Anständigkeit identifizierte und wie viel lustvolle Lebendigkeit ihr dadurch abhanden gekommen war. Als ihr das klar wurde, veränderte sich ihr Leben. Sie traute sich, viel mehr von sich zu zeigen und auch mal Dinge zu tun, die sie bislang als zu gewagt empfunden hatte. Das führte unweigerlich zu einem besseren Lebensgefühl.

Nimm also alles an, was du in dir findest! Du brauchst es nicht toll zu finden, aber nimm es einfach an – wie ein Forscher etwa, der einem seltenen Käfer begegnet, urteilsfrei und interessiert.

Geschenke vom Universum und an das Universum

Stolpersteine sind dazu da,
dass du aus ihnen deinen Weg baust.

Lumira

Der Gedanke, dass hinter allem, was uns begegnet, eine positive Absicht steckt, ist uns so wichtig, dass wir ihn hier noch etwas ausführen möchten. Das Universum beschenkt uns mit Situationen, an denen wir wachsen können. Wir wiederum beschenken das Universum ebenfalls, indem wir seine Geschenke annehmen und uns weiterentwickeln. Und wir beschenken es mit der schönen Energie, die wir ausstrahlen, wenn wir heil und in Einklang mit uns selbst sind.

Auch Menschen, die wir ablehnen oder verurteilen, sind solch ein Geschenk. Sie spiegeln uns unsere Schattenseiten, das heißt Verhaltens- oder Denkweisen, mit denen wir uns das Leben unnötig schwer machen. Wir würden sie nicht ablehnen, wenn sie nicht etwas mit uns zu tun hätten, wenn sie uns nicht etwas von uns selbst zeigen würden, worunter wir leiden.

Alles, womit wir in Resonanz gehen, sei es auf positive oder negative Art und Weise, spricht zu uns, hat eine Botschaft für uns, und wir tun gut daran, sie zu hören und ernst zu nehmen. Sie kann uns in Form eines Gesprächs erreichen, das wir im Supermarkt zufällig mitkriegen und das uns die Ohren spitzen lässt, ein nebenbei fallen gelassener Satz einer ganz fremden Person, eine Reklame, eine Zeitungsnotiz, die uns in die Augen fällt, eine Fernsehsendung, die wir zufällig einschalten. Der Zufall ist etwas, was uns zufällt! Hinweise, die dich betreffen, tauchen zunächst in der Ferne auf. Wenn du sie nicht hörst und nicht beachtest, kommen sie näher. Vielleicht haben nahe Freunde oder Verwandte mit einem Thema zu kämpfen, das dich betrifft. Wenn du auch jetzt die Botschaft nicht hörst, wird sie sich schließlich in deinem eigenen Leben bemerkbar machen. Zum Beispiel fiel einer Freundin von uns immer eine bestimmte Reklame auf: »Lust auf Leben« stand da, und ein Mann trank genüsslich eine bestimmte Sorte Mineralwasser. Ihr gefiel diese Reklame, aber sie beachtete sie nicht weiter. Gleichzeitig regte sie sich über ihre Hauswirtin auf, die immerfort arbeitete und sich über die viele, ihrer Meinung nach unbedingt notwendige, Arbeit zwar beklagte, aber trotzdem nicht aufhören konnte zu putzen. Beides waren deutliche Botschaften, aber der Freundin war nicht aufgefallen, dass das alles etwas mit ihr zu tun haben könnte. Als ihr das klar wurde und sie feststellte, dass sie selbst nicht lebte, sondern immer nur arbeitete, konnte sie mit vielen Situationen befriedigender umgehen.

Versuch doch mal, die Geschenke zu entdecken, die dir das Leben macht. Wenn dir etwa ein Werbeplakat besonders gefällt – oder besonders missfällt –, dann schau dir die Botschaft an. Was will sie dir für dein Leben sagen?

Die Geschenke in Dingen zu erkennen, die dir positiv auffallen, ist noch relativ einfach. Schwieriger ist es mit den Dingen oder Menschen, die dich abstoßen oder wirklich aufregen. Diese als Geschenke anzuerkennen, erfordert eine große Bereitschaft, zu lernen. Unsere spontane Reaktion ist ja, uns von dem, was uns abstößt, abzuwenden und uns davor schützen zu wollen. Gerade solch unangenehme Dinge bergen aber die größten Entwicklungsmöglichkeiten in sich, weil sie uns auf etwas hinweisen, was wir in uns selbst ablehnen oder nicht sehen können.

Doch, wie gesagt, macht ja nicht nur die Welt uns Geschenke, sondern wir beschenken auch die Welt mit den Bildern und Gedanken, die wir aussenden. Wenn du dir vorstellst, dass alles, was existiert, ein Ganzes ist, eine Energie, die sich zu Myriaden von verschiedenen Formen verdichtet hat, dann ist eigentlich klar, dass alles, was die einzelnen Formen dieser einen Energie tun, Auswirkungen auf die anderen Formen und das Ganze hat. Das kennst du sicherlich: Wenn du gut gelaunt bist, gehst du freundlich auf die Menschen zu, lächelst, und die Menschen lächeln zurück. Wenn du schlechte Laune hast, sieht alles grau und trübsinnig aus. Jemand, den du liebst und dem du vertraust, geht anders auf dich zu als jemand, dem gegenüber du Schuldgefühle hast oder vor dem du dich fürchtest. Das hat mit der Energie zu tun, die du in seine Richtung ausstrahlst. Liebe fühlt sich weich, weit und warm, Schuldgefühle oder Ärger hingegen dunkel, schwer oder sogar aggressiv an, Angst wiederum angespannt, eng und unangenehm. Wenn du dem anderen Menschen eine solche Energie »schenkst«, wird er natürlich nicht erfreut sein und sehr wahrscheinlich nicht positiv reagieren.

Wir schicken diese Energien natürlich nicht absichtlich in die Welt. Meist ist es uns nicht einmal bewusst! Wir tun es, wenn wir uns hilflos oder wütend fühlen. Dennoch senden wir Negativbilder aus, die dann in Form von Reaktionen der anderen Menschen oder unangenehmen Ereignissen in unserem Leben zu uns zurückkehren. Wenn wir unsere negativen Gefühle anerkennen und sie transformieren, verwandeln sich auch die Bilder, die wir in die Welt senden, zum Positiven. Wenn uns bewusst wird, was wir tun, können wir Verantwortung übernehmen und einfach ein heilendes Bild schicken oder eine positive, helle Farbe, die den anderen Menschen wirklich guttut.

Du kannst das gleich ausprobieren: Geh mal in dich, und frag dich nach einer Person oder Situation, die dir richtig auf die Nerven geht oder dich total abstößt. Stell dir dann die Frage: »Was an dieser Person oder an dieser Situation ist es, das mich so abstößt oder ärgert? Und was hat das mit mir zu tun?«

Achte darauf, dass du nicht das anscheinend Negative, das du erst nur bei anderen nicht leiden kannst und ablehnst, ebenso ablehnst, wenn du es in dir selbst findest. Der erste Impuls ist meistens, zu sagen: »Oh Gott, ich bin ja selber so furchtbar! Wie schrecklich!« Darum geht es nicht. Der andere ist nicht furchtbar und du bist es ebenso wenig! Das ist nur dein Urteil. Nimm das, was dir der andere an vermeintlich Schrecklichem spiegelt, einfach als einen Hinweis an, dass da in dir ein Wachstumsschritt stattfinden kann. Dass du von einer bestimmten Eigenart oder einer bestimmten Sicht- oder Verhaltensweise von dir die Nase voll hast, dass sie überholt ist, dir nicht mehr entspricht. Nimm das Geschenk an, und arbeite damit. Wenn du das nicht kannst, dann kümmere dich zuerst um das Nicht-annehmen-Können!

Es ist wichtig, dass du zuerst dein eigenes »Haus« in Ordnung bringst. Du kannst auch anderen Menschen Blumen und Luftballons schicken, wenn es dir selber nicht gut geht. Sicher wirst du dich dadurch in dem Moment besser fühlen. Aber dieses Gefühl wird nicht anhalten. Außerdem schickst du möglicherweise auch »Häkchen« mit, das heißt, du schickst etwas in der Hoffnung, dass du dann auch etwas zurückbekommst. Der andere spürt das, auch wenn du dir dieser Absicht nicht bewusst bist.

Ein anderes Beispiel: Wenn du darüber wütend bist, dass in irgendeiner Gegend der Welt Krieg geführt wird, und deshalb gedanklich Frieden in diese Gegend schickst, wird automatisch auch ein Teil deiner Wut dort landen. Wenn du deinen eigenen Zorn allerdings zuerst anschaust und transformierst, kannst du die Friedensbilder in die Welt schicken, ohne dass sie von deiner Wut eingefärbt sind.

Du kannst nur aus einem Gefühl der Fülle heraus schenken. Wenn du aus einem Gefühl des Mangels heraus schenkst, mit dem Wunsch, etwas zurückzubekommen, dann wird der Mangel zu dir zurückkommen.

Die äußere Welt ist ein Spiegel deiner inneren Welt! Heilst du deine tief in deinem Innern verborgenen Wunden, dann sieht die äußere Welt auch anders aus. Das bedeutet, du heilst die Welt, indem du dich selbst gut fühlst. Dann strahlst du positive Energie aus, die von außen auch wieder zu dir zurückkommt. Dein wahres Geschenk an das Leben ist deine eigene Ganzheit!

Verantwortung übernehmen

Wir fühlen uns gern als Opfer.
Wenn wir aber Verantwortung übernehmen,
übernehmen wir auch wieder die Macht
über unser Leben.

Anna-Christine Rassmann

Noch ein Wort, bevor wir zum praktischen Teil übergehen: Es ist wichtig, dass du dich selbst verantwortlich fühlst für alles, was in deinem Leben, deinem Körper und in deiner Umgebung geschieht.

Wenn du nicht voll und ganz bereit bist, selbst die Verantwortung zu übernehmen, also anzuerkennen, dass du die Macht über dein Leben hast, bleibt ein Teil von dir in der Opferhaltung. Dieser Teil, der sich weiter den Umständen ausgeliefert fühlt, wird nach wie vor einen »Täter« anziehen. Damit gibst du einen Teil deiner Macht ab beziehungsweise nimmst du einen Teil deiner Macht nicht an.

Wenn du dein Leben also wirklich in die Hand nehmen willst, dann musst du die Teile in dir aufspüren, die nicht bereit sind, Verantwortung zu übernehmen, und mit ihnen reden. Versuche, zu verstehen, warum sie das nicht können oder wollen. Durch die Erkenntnis kann sich einiges verändern. Die Lumi-Methode wird dir dabei helfen.

Bevor du also darangehst, irgendeine Schwierigkeit mithilfe der Lumi-Methode zu behandeln, frage dich: »Bin ich bereit, anzuerkennen, dass ich selbst die Verantwortung für mich und mein Leben habe?«

Wenn du die eigene Verantwortung nicht hunderprozentig übernehmen kannst, hast du die Wahl: Entweder du bearbeitest zuerst das Thema Verantwortung, oder du brichst den Prozess ab. Ohne die Bereitschaft, ab sofort für dich verantwortlich zu sein, bringt dich das, was du während des Prozesses über dich erfährst, nicht wirklich weiter. Der Teil von dir, der nach wie vor in der Opferhaltung bleibt, wird weiterhin für unangenehme Situationen oder Krankheiten sorgen – möglicherweise noch massiver als zuvor. Du kannst dann sagen: »Die Methode taugt nichts«, oder: »Das ist alles Quatsch«, aber damit bekräftigst du nur deine Opferhaltung, und das dient dir überhaupt nicht. Eine solche Einstellung führt letztlich zu Resignation oder Groll, aber nicht zu Glück und Gesundheit!

Das Wichtigste ist also, den Teil von dir zu integrieren, der hartnäckig an seiner Opferrolle festhält. Nur dann macht eine Therapie überhaupt Sinn.

Wenn du eine Sitzung mit jemand anderem durchführst, der keine Verantwortung für sich selbst übernehmen möchte, dann raten wir dir dazu, sofort abzubrechen. Warum? Weil du dem anderen sonst die Entwicklungschance nimmst, die in der Krankheit oder unangenehmen Situation steckt. Er bleibt in seiner Opferrolle, und es besteht die Gefahr, dass du die Täterrolle übernimmst, indem du dich schuldig fühlst, weil du nicht in der Lage warst, den anderen wirklich zu heilen. Doch du kannst tatsächlich niemanden heilen, das kann nur jeder selbst tun – oder das Leben heilt den Betroffenen. Alles, was du tun kannst, ist, jemanden darin zu unterstützen, sich seiner Situation bewusst zu werden und Blockaden gegen das Heilsein loszulassen.

Hüte dich also davor, jemandem die neue Heilmethode aufzudrängen. Es wird vielleicht enttäuschend für dich sein, dass nicht jeder sofort diese Chance ergreifen möchte. Aber wenn du selbst mit dir in Einklang bist, wird dein Verlangen, anderen zu helfen, von selbst schwächer werden. Du musst dann die anderen gar nicht mehr ändern, um selbst glücklich sein zu können.

Wenn du also im Verlauf einer Sitzung spürst, dass dein Gegenüber sich innerlich abwendet, herumzappelt oder nicht bei der Sache ist, dann sprich es an. Denk daran: Es ist nicht dein Problem, das ihr bearbeitet, sondern das des anderen, und es ist seine Verantwortung, ob er es verwandeln will oder nicht. Geheilt werden kann nur ein Mensch, der heil werden will und dafür die Verantwortung übernimmt! Heilung kommt von innen.

Das gilt auch für den gesamten Prozess deiner eigenen Heilung. Du selbst trägst die Verantwortung dafür, dass die heilenden Bilder und positiven Ziele, die du aus einer Lumi-Sitzung mitnimmst, in deinem Leben Wirklichkeit werden. Das nimmt dir niemand ab. Die Methode zeigt dir einen Weg auf, den du gehen kannst, aber gehen musst du ihn selbst.

Wie bei anderen Therapieformen ist es auch bei der Lumi-Methode so, dass manche Themen mehrere Sitzungen brauchen. Jedes Problem hat mehrere Schichten, die du nach und nach durchdringst. Das Unterbewusstsein gibt immer so viel frei, wie du gerade verkraften kannst. Das ist eine Art eingebauter Sicherheitsmechanismus. Es liegt an dir, wie intensiv du dich auf deinen Wachstumsprozess einlässt.

Die Heilkraft der Farben

Farbe enthält einen Klang,
der mich in Einklang bringt.

Lumira

Neben der Übermittlung dieser Einstellungen spielen auch Farben eine entscheidende Rolle für die Wirkung der Lumi-Methode. Dass die Farben einen Effekt auf die Psyche haben, hat wohl jeder von uns schon gemerkt. Wir fühlen uns weniger wohl in dunklen und düsteren Räumen als in hellen und farbenfrohen Zimmern. Farben haben einen direkten Einfluss auf unsere Emotionen und auf unser körperliches Befinden. Es ist bereits nachgewiesen worden, dass die Farbe der Räume sogar die Körpertemperatur beeinflussen kann. In dunklen Räumen frieren wir schneller, und in den Räumen, in denen viele warme Farben herrschen, ist unser Körper auch etwas wärmer. Das heißt, dass die Farben nicht nur auf die Augen wirken, sondern auf jede Zelle unseres Körpers. Auch die Kleidung, die wir tragen, entfaltet so ihre Wirkung auf unser Befinden.

Du kannst mit den Farben also die Wände bemalen, sie als Kleidungsstücke tragen oder sie mit dem Essen aufnehmen. Es gibt mittlerweile Bücher über Farb- oder Regenbogenernährung, bei der man die Lebensmittel bewusst nach der Farbe auswählt. Oder du kannst dich mit Farblicht-Lampen bestrahlen lassen. Aber es gibt noch einen einfacheren Weg, die Kraft und Heilung einer Farbe zu nutzen: Stell sie dir einfach vor. Durch Visualisieren bekommst du sofort Zugang zur geistigen Energie der Farbe und kannst sie in jedem Moment nutzen.

Farben in Verbindung mit dem Atem unterstützen die Zellkernklärung. Das wissen wir aus der Kinesiologie. Stellen wir uns vor, wie eine Farbe mit der Luft in uns einströmt, so bekommt das Zellbewusstsein wieder die Information ganzheitlicher Ordnung und des Heil-Seins. Bei der Lumi-Methode animieren uns die Farben förmlich zu kreativen Experimenten.

Hier geht es darum, nicht nur die Farbe als solche aufzunehmen, sondern bewusst die Eigenschaften, die mit der Farbe in Verbindung stehen, anzunehmen und sie in sich zu verankern. Gerade diese Eigenschaften sind es nämlich, die dich von innen heraus leuchten lassen.

Die Lumi-Farbtabelle

Schwarz

unterstützt mich, die Schatten und dunklen Stellen in meinem Innern, die durch Ablehnung eines Teils von mir entstanden sind, wahrzunehmen, die Kraft, die in ihnen gebunden ist, an mich zu nehmen und sie für mein Leben zur Verfügung zu stellen. Aus der Tiefe der Dunkelheit kann etwas Neues geboren werden.

Grau

ist eine Mischung aus Licht und Dunkelheit. Es symbolisiert Neutralität, in der ich aus dem Abstand etwas sachlich und nüchtern betrachten kann. Grau schärft meine Kritikfähigkeit und Urteilskraft.

Braun

ist die Farbe der Mutter Erde, das heißt meiner Heimat, meiner Herkunft, meiner Wurzeln. Dazu gehören auch die Erfahrungen, die ich bis jetzt gemacht habe. Braun gibt mir Sicherheit, Wärme, Geborgenheit, Ruhe und Gelassenheit. Ich stehe fest auf dem Boden und spüre den Halt, den mir das gibt. So kann ich auf mein Leben zurückschauen, um dann bedächtig weiterzugehen.

Dunkelrot

besteht aus der Farbe Rot und einem Anteil Schwarz. Ich habe einen Teil meiner Lebendigkeit und meines Seins in den Schatten verdrängt, weil ich ihn nicht als Ausdrucksform annehme. Es geht darum, mich selbst mit all meinen Gefühlen wirklich zu spüren, anzunehmen und so die volle Lebendigkeit und Lebensfreude wiederzuerlangen.

Rot

ist die Farbe des Lebens und der Liebe. Rot schenkt mir Wärme, Vitalität und Lebenskraft. Es steht für das Gefühl, lebendig zu sein, mich selbst in meiner Lebendigkeit zu spüren, wach und präsent zu sein.

Orange

steht für pulsierende Energie und Lebensfreude. Orange belebt den Körper und weckt meine Schöpferkraft, indem es mich mit meiner Essenz verbindet. Ich lasse mich ein, nehme wahr, verbinde mich mit mir selbst und erschaffe mein Leben neu im Einklang mit meinem inneren Wesen.

Gelb

ist das bedingungslose »Ja« zum Leben, die Farbe der Sonne und der Freude. Gelb gibt mir Sicherheit und Stabilität. Es sagt: »Ich bin, wie ich bin!« Ich fühle mich sicher und geliebt. Gelb klärt die Gedanken und macht wach, beweglich, leicht, lebendig und froh.

Zitronengelb

kühlt und zieht alle Säfte in mir zusammen, sodass der

Impuls entsteht, aus meinen alten Gewohntheiten und starren Denkmustern auszubrechen, sie loszulassen und wahren Frieden und Freiheit zu erlangen.

Grasgrün

ist die Farbe der Natur, die Farbe von Wachstum und Frische, die den ganzen Körper harmonisiert und ausgleicht sowie emotionale und körperliche Wunden und Narben heilt. Grasgrün ist die Farbe von Erneuerung, Heilung und innerer Harmonie.

Smaragdgrün

ist die Farbe des Herzchakras und der allgegenwärtigen, bedingungslosen Liebe, Selbstliebe und Vergebung. Smaragdgrün steht für Dankbarkeit, Freude und Vertrauen.

Rosa

ist die Farbe des Herzens. Es steht für das Öffnen des Herzens, für Achtsamkeit, Verständnis, göttliche Liebe und Selbstliebe. Rosa unterstützt mich dabei, bedingungslos zu lieben.

Türkis

ist die Farbe des Wassermann-Zeitalters und steht für emotionale Intelligenz, Freiheit und die Fähigkeit, auf die eigene Intuition zu vertrauen. Türkis unterstützt die sprachliche Ausdrucksfähigkeit und hilft mir, ehrlich und aus meinem inneren Wissen heraus zu kommunizieren. Ich spreche meine inneren Wahrheiten aus und integriere sie in mein Leben.

Lichtblau

klärt und ordnet. Es ist die Farbe von Leichtigkeit, Anmut und Glückseligkeit: Ich bin heil und ganz, unverletzbar und ewig in meiner Essenz.

Indigoblau

schützt. Es ist die Farbe des inneren, intuitiven Wissens um die kosmische Ordnung und ihre Gesetzmäßigkeiten. Es verbindet Kommunikation und Wissen, führt mich zu Ganzheit und Verbundenheit mit allem, was meine Selbstheilung erzeugt.

Violett oder Lila

ist die hohe spirituelle Schwingung, ist universelle Liebe, Transformation und Heilung. Lila verbindet mich mit dem Höheren Selbst, mit dem Göttlichen, von dem alle Heilung kommt. Die Violette Flamme kann universell zum Heilen und Klären eingesetzt werden.

Flieder

ist die Farbe, die mich beflügelt. Wie ein Vogel kann ich mich erheben und über meine Welt schweben. Flieder steht für Freiheit und Frische, Zartheit und Präsenz.

Magenta oder Purpur

ist die Verbindung zwischen Lila und Rot und gleichzeitig zwischen Himmel und Erde, dem Göttlichen und dem Irdischen. Es steht für göttliche Inspiration, die Manifestation des göttlichen Plans auf der Erde, die durch mich geschieht.

Weiß oder Kristallklar

enthält alle Farben in sich und kann deshalb immer benutzt werden. Weiß ist die Farbe der Reinheit und bringt die Reinheit und Klarheit kosmischer Ordnung und damit Heilung in den Körper. Ich bin in göttlicher Harmonie, vollkommen und geliebt.

Regenbogenfarben

steht für höchstes Glück und die Verbindung von Himmel und Erde in mir. Es öffnet mich, richtet mich auf, macht mich glücklich und froh. Regenbogenfarbenes Licht bringt mich in Einklang mit mir selbst und vereint all meine Potenziale zu einem wunderschönen, harmonischen Ganzen.

Silber

ist die Farbe des Mondes, des mütterlich-göttlichen Prinzips. Es hält mich wie eine Mutter, schenkt mir Stille und Geborgenheit. Es hilft mir, mich selbst liebevoll anzunehmen, und bringt dadurch die Dinge ins Fließen, sodass sie heilen können. Es unterstützt die Entwicklung von medialen Fähigkeiten und lehrt mich den sicheren Umgang mit Visionen.

Gold

ist die Farbe der spirituellen Sonne und steht für die höchste Energie, für universelle Liebe und universellen Schutz. Gold hebt die Schwingung auf eine höhere Stufe der Lebensfreude, steht für göttlichen Glanz, göttliche Fülle und Erfüllung.

Perlmutt

ist die Farbe der Erholung und Regeneration. Es ist der tiefe Einblick in die eigene innere Mystik und das ungeahnte Wunder meiner selbst. Perlmutt umschmeichelt mich, hält und schützt mich. Ich atme die Ewigkeit des Meeres in mich ein und kehre in den Schoß des Lebens zurück. Zeit spielt keine Rolle – die Unendlichkeit der Ewigkeit ist in mir.[3]

[3] Die Eigenschaften der oben beschriebenen Farben kommen zum Teil aus der Psycho-Kinesiologie, zu einem weiteren Teil stammen sie von einer uns bekannten Lehrerin, Helga Thelmer, die sie in einem Buch beschrieb, das nie veröffentlich wurde, und basieren zu guter Letzt auf unseren eigenen Erfahrungen.

Die Lumi-Methode

Nachdem die einzelnen Elemente der Methode ausführlich erläutert wurden, kommen wir nun zur konkreten Beschreibung ihrer einzelnen Schritte. Die folgende Anleitung ist für Menschen gedacht, die die Lumi-Methode allein durchführen wollen. Das hat den Vorteil, dass du nicht zu warten brauchst, bis du jemanden findest, der bereit und in der Lage ist, mit dir zu arbeiten. Der Nachteil ist, dass du wahrscheinlich leichter gedanklich abschweifst oder sogar einschläfst, als wenn dich jemand begleitet. Mit der Zeit, wenn du etwas mehr Übung hast, wird es dir immer leichterfallen, dich auf das zu konzentrieren, was in dir vorgeht.

Wenn du jemanden begleitest, wird es ein wunderbares Erlebnis für dich sein, die Verwandlung des anderen sozusagen »live« mitzuerleben. Zu sehen, wie sein Gesichts- und körperlicher Ausdruck sich verändern und Klarheit und Freude sich einstellen, kann für dich ebenso heilend sein wie für den anderen.

Hier also ist die Methode:

Vorbereitung:

Formuliere zunächst das Thema, das du dir näher ansehen möchtest.

Das können zum Beispiel Kopf- oder Rückenschmerzen sein, aber auch der Ärger mit einem Freund oder deine Unzufriedenheit mit einer bestimmten Situation.

Verbinde dich mit Mutter Erde.

Setz dich aufrecht hin, schließ deine Augen. Stell dir bildlich vor, wie aus deinen Füßen Wurzeln in die Erde wachsen. Wie du dich fest in der Erde verankerst und dadurch mehr Halt und Sicherheit erlangst. Du verbindest dich, indem du es einfach ernsthaft und aufrichtig willst. Die Energie folgt immer der Absicht, das heißt: Sobald du ernsthaft beschließt, dich mit Mutter Erde zu verbinden, bist du schon mit ihr verbunden.

Verbinde dich mit deinem Höheren Selbst.

Das Höhere Selbst ist der Aspekt von dir, der weiß, der mit allem, was ist, verbunden ist. Du verbindest dich über dein Hohes Selbst mit dem, was das Leben erschafft, ohne dass du selbst etwas dazu tust: mit dem, was die Bäume und Pflanzen wachsen lässt, was die Sonne auf- und untergehen lässt, was dein Herz schlagen und dich atmen lässt. Je öfter du dein Hohes Selbst anrufst, umso mehr verbindet sich diese Energie mit all deinen fein- und grobstofflichen Ebenen. Die Verbindung geschieht auch hier dadurch, dass du es ernsthaft und aufrichtig willst.

Nachdem du dich auf diese Weise mit Mutter Erde und mit deinem Hohen Selbst verbunden hast, gehst du in dich hinein. Das heißt, du spürst in dich hinein und ergründest deine Gefühle. Nimm einfach wahr, was da ist, ohne irgendetwas zu erwarten, ohne etwas zu bewerten oder verändern zu wollen.

Die Methode ist ein Gespräch mit deinem Unterbewusstsein, genauer gesagt mit dem Teil von dir, der mit dem Problem in Verbindung steht. Stell dir also nacheinander die folgenden Fragen:

1. *Wo in meinem Körper ist die Stelle, die das Problem hervorbringt?*

Such nach der Stelle in deinem Körper, die die Ursache für dein Problem ist. Achtung: Ein körperliches Symptom muss nicht unbedingt an der Stelle auftreten, die auch die Ursache ist! Du kannst Kopfschmerzen haben, und das eigentliche Problem sitzt im Bauch, oder ein Problem mit den Augen hat seine Ursache im Gehirn.

Wo in deinem Körper kannst du die Ursache, das eigentliche Problem, sehen oder spüren? Vielleicht weißt du auch einfach, wo es sitzt.

2. *Wie sieht dein Problem aus: Welche Farbe, welche Konsistenz, welche Form hat es?*

(Manchmal assoziieren Klienten auch einen Ton oder eine Geste, zum Beispiel: »Es sieht grau und schlammig aus, eklig, so ›uähh!‹«)

3. *Womit habe ich mir das Problem erschaffen?*

Meist wissen die Menschen ganz spontan die Antwort auf diese Frage. Es kann aber auch sein, dass sie dich einfach ratlos macht. Dann kannst du dir eine Kinoleinwand vorstellen und, wie bei einem alten Film, Zahlen, die von 10 bis 1 rückwärts laufen, bevor es losgeht. Rückwärts zu zählen bringt dich in einen entspannten Zustand, in dem die Bilder und Antworten von selbst auftauchen. Es können Erinnerungen, Gedanken, Gefühle, Verhaltensmuster, Worte, Sätze oder auch ganze Szenen hochkommen. Lass alles zu – auch wenn heftige Gefühle wie Wut, Verzweiflung oder Trauer auftauchen. Manchmal hast du vielleicht auch einfach nur eine Ahnung oder weißt die Antwort instinktiv. Vertrau deinem inneren Wissen!

Solltest du an dieser Stelle keine klare Antwort bekommen, brauchst du nicht aufzuhören. Das stört den Heilungsprozess nicht unbedingt. Du kannst in diesem Fall einfach zur nächsten Frage übergehen. Eine Antwort kann sich auch im Laufe des Prozesses oder danach einstellen. Sobald sie auftaucht, kommst du durch die gewonnene Selbsterkenntnis näher an das Problem heran.

4. *Welche positive Absicht hat das Problem oder das problematische Verhalten?*

Nehmen wir einmal an, du hast Geldprobleme. Auf die Frage, wo in deinem Körper die Stelle ist, die dieses Problem erschaffen hat, entdeckst du möglicherweise, dass sich der Solarplexus verkrampft hat. Auf die Frage, wie du dir das erschaffen hast, bekommst du vielleicht die Einsicht: »Ich habe Angst vor der Arbeitswelt.« Was für eine positive Absicht hat diese Angst vor der Arbeitswelt? »Mich vor Verletzungen und vor Stress zu schützen.« Oder, positiv formuliert: »In Frieden und emotionaler Geborgenheit zu leben.« Oder du hast ein Ohrengeräusch. Du findest vielleicht heraus, dass du es dadurch erschaffen hast, dass du dir zu viel vornimmst und keine Ruhepausen einlegst. Die positive Absicht, die hinter diesem Aktivismus steht, könnte lauten: »Verpasse nichts!« Wichtig ist, dass du die positive Absicht auch **positiv formulierst**. Also nicht: »Nicht mehr so viel grübeln!«, sondern: »Vertrauensvoll und locker leben!«, nicht: »Keine Angst mehr haben!«, sondern: »Vertrauen!«, u.s.w.

Solltest du keine Antwort auf diese Frage finden, kannst du fragen: »Wenn ich die posititve Absicht kennen würde, was wäre sie?« Falls du auch darauf keine Antwort bekommst, machst du einfach mit Schritt 5 weiter.

5. *Welche Farbe hat diese positive Absicht?*

Du wirst fühlen, welche Farbe das sein könnte. Manchmal taucht die Farbe spontan und eindeutig auf, manchmal musst du einfach einige Farben ausprobieren und spüren, bei welcher du dich entspannst. Dann schaust du in der Lumi-Farbtabelle (S. 50–55) nach, welche Botschaften die Farbe für dich bereithält. Ein Satz oder Stichwort der Beschreibung trifft fast immer genau dein Problem. Es kann auch eine Farbe auftauchen, die in der Liste gar nicht vorkommt (und die sich möglicherweise unangenehm anfühlt). Das macht nichts, du nimmst sie trotzdem.

6. *Welches Symbol oder Bild drückt die Botschaft der Farbe am besten aus?*

Zum Beispiel: Gold steht für Vollkommenheit, und die assoziierst du vielleicht mit einer Kugel, einem Kind oder einer Blüte. Die Bilder sind ganz persönlich und individuell. Manchmal wirst du auch kein Bild oder Symbol finden, dann arbeite einfach nur mit der Farbe weiter.

7. *Atme die Symbole und die Farbe (oder auch nur die Farbe), die du gesehen hast, in dich hinein, oder bade darin!*

Sauge sie ganz tief in dich hinein. Du kannst sie auch »essen« oder »trinken«. Nimm sie in jede Zelle, in die Zellzwischenräume und in all deine feinstofflichen Körper auf. Auch wenn du etwas im ersten Moment Abschreckendes gesehen hast, atme es einfach ein. Es ist wichtig, alles anzunehmen, was dein Unterbewusstsein dir zeigt. Gerade die unangenehmen Dinge können ein großes Kraftpotenzial in sich haben!

8. *Gehe nun wieder zurück zu der Stelle in deinem Körper, wo du das ursprüngliche Problem gesehen oder gespürt hast. Hat sich jetzt hier etwas verändert? Sieht es hier jetzt anders aus? Fühlt es sich anders an? Wie hat es sich verändert?*

9. *Wenn es sich noch nicht ganz harmonisch anfühlt, fragst du dich wieder: Womit habe ich mir diesen Rest* *des Problems erschaffen? Wieder lässt du alles zu und akzeptierst alles, was an Antworten auftaucht.*

10. *Frag dich, welche positive Absicht sich in der veränderten Form noch ausdrückt.*

11. *Welche Farbe hat diese zweite positive Absicht?*

Angenommen die Absicht lautet: »Ich will auf mich achten.« Welche Farbe hätte diese? Lies in der Farb-Tabelle nach, was diese Farbe repräsentiert. Wieder atmest du die Farbe und das dazu auftauchende Symbol oder Bild in alle deine Zellen, Zellzwischenräume und feinstofflichen Körper ein.

9. bis 11. wird so lange wiederholt, bis Bild und Gefühl sich positiv, harmonisch und angenehm anfühlen.

12. *Aus den Erkenntnissen der Sitzung, aus der Botschaft der positiven Absicht, formulierst du nun eine Affirmation bzw. einen Leitsatz. Der kann zum Beispiel so aussehen: »Ich höre unter allen Umständen auf meine innere Stimme!«, oder: »Ich liebe und achte mich«, oder: »Ich ruhe in mir selbst.«*

13. *Lass ein Abschlussbild entstehen.*

Wenn du jetzt ein Foto machen oder ein Bild malen könntest, wie würde es aussehen?

14. *Schau dein heilendes Bild an, atme es ein, und sprich laut und deutlich deinen Leitsatz. Nimm auch den Leitsatz in dich auf, indem du ihn einatmest.*

15. *Sind alle Teile meines Unbewusstseins mit diesem Ergebnis (meinem neuen Verhaltensmuster) einverstanden und bereit, hundertprozentig die Verantwortung dafür zu übernehmen, oder gibt es irgendwelche Gegenstimmen?*

Spüre in dich hinein, ob irgendein Teil von dir mit diesem neuen Leitsatz nicht einverstanden ist oder an ihm zweifelt. Wenn Gegenstimmen da sind, verfährst du mit ihnen wie mit dem ursprünglichen Problem. Wenn da zum Beispiel eine kleine spöttische Stimme in dir sagt: »Na, das glaubst du ja wohl selbst nicht!«, dann schau in deinem Körper, wo sie sich befindet, und frag sie nach ihrer positiven Absicht. (Zum Beispiel könnte es in diesem Falle sein, dass ein Teil von dir dich vor Enttäuschung bewahren möchte.) Welche Farbe hätte diese positive Absicht? Schau die betreffende Farbe in der Tabelle nach, und atme die

Farbe und evtl. das Symbol dazu tief in dich hinein. Dann schau, was sich verändert hat.

Anschließend frag erneut, ob jetzt alle Teile deines Unterbewusstseins mit dem Ergebnis einverstanden sind und hundertprozentig die Verantwortung dafür übernehmen wollen.

Das machst du so lange, bis alle Gegenstimmen integriert sind.

16. *Am Ende der Sitzung malst du gedanklich zur Verankerung je drei Mal in beide Richtungen eine liegende Acht, zuerst mit geschlossenen und dann mit offenen Augen, und sprichst dabei laut deine Affirmation.*

Schau danach in den Spiegel! Die Verwandlung siehst du deutlich in deinem Gesicht und in deiner Körperhaltung. Wenn ihr zu zweit arbeitet, seht ihr am Gesichtsausdruck des anderen, wenn das Problem sich gelöst hat.

17. *Schreib deine Affirmation auf, oder male sie.*

Du kannst auch dein Abschlussbild aufmalen und an einer Stelle aufhängen, wo du es oft siehst. Hol dir das Bild und die Affirmation so oft vor Augen und ins Bewusstsein, wie du kannst. Meditiere darüber, bade darin, integriere es in dein Leben – bis bei der nächsten Sitzung ein neues Bild auftaucht, mit dem du dann weiterarbeitest.

Noch einmal, denn das ist wichtig: Bei der Lumi-Methode wird nichts »weg«gemacht und soll auch nichts »weg«gemacht werden, es soll alles integriert werden. Es verändert sich nur etwas, das heißt, die Energie bleibt erhalten und wird positiv umgewandelt. Alles scheinbar Negative hat ja eine positive Absicht, und diese positive Absicht ist unser Kraftpotenzial. Wenn wir das Negative ablehnen, könnten wir dieses Potenzial niemals ausschöpfen.

Die Sitzung erzeugt ein »heilendes Bild«. Das heilende Bild wirkt wie eine Vorlage, nach der die erlebte Wirklichkeit sich neu ordnet. Du wirst erleben, dass sich dein Leben ganz von selbst verändert, dass andere Menschen auf dich zukommen oder dass du und die Menschen, die du kennst, sich plötzlich anders verhalten. Das innere Bild erzeugt die äußere Realität!

Wenn du zum Beispiel am Schluss einer Sitzung das Bild hast, in einem Boot über einen See zu rudern, und dabei ein Gefühl von grenzenloser Freiheit empfindest, dann hol dir dieses Bild und das dazugehörige Gefühl immer wieder ins Gedächtnis zurück, und atme es ein, bade darin, genieß es, und verbinde dich damit. Vergiss nicht: Es ist deine Verantwortung, was in deinem Leben geschieht! Wenn das Bild verblasst oder neue Probleme auftauchen, mach eine neue Sitzung, und nimm dann das neue Abschlussbild mit in dein Leben. Oft wird ein Problem so von mehreren Seiten eingekreist, und du näherst ihm dich jeweils mit dem aktuellen Bild deiner letzten Sitzung.

Eine Klientin hatte am Ende einer Lumi-Sitzung über ihre Beziehungsprobleme das Bild eines rosa-goldenen Nestes, in dem sie sorglos und geborgen saß und sich rundum glücklich und frei fühlte. Sie benutzt das Bild immer wieder, wenn sie in ihrer Beziehung in Probleme gerät. Es sorgt jedes Mal für ein wunderbar geborgenes und sorgloses Gefühl.

Du kannst die Bilder auch gleich nach deiner Sitzung verschicken, etwa wenn du ein Problem mit deinem Partner, deiner Partnerin oder deinem Kind bearbeitet hast. Es fühlt sich sehr gut an, wenn du dem Menschen, auf den du vorher wütend warst, jetzt ein rosa Nest schickst. Es verstärkt die Wirkung deines eigenen heilenden Bildes.

Nach einer Sitzung ist es wichtig, dass du mindestens drei Tage lang viel Wasser (mindestens 2–3 Liter Wasser ohne Kohlensäure oder sonstige Zusätze) trinkst, weil die Arbeit viele emotionale und körperliche Schlacken löst, die ausgeleitet werden sollten.

Beispiele

Ich schaue die Welt an
und sehe mich selbst.

LUMIRA

Damit das alles nicht graue Theorie bleibt, folgt hier nun eine Reihe von Fallbeispielen aus unserer Praxis, von Kursteilnehmer(inne)n und aus unserem Freundeskreis. Wir beschreiben die Sitzungen so, wie sie abgelaufen sind, nur die Namen sind geändert. Wie du bemerken wirst, wird hierbei nicht immer stur Schritt für Schritt abgearbeitet, doch Ablauf und Wirkungsweise gehen klar aus den Beispielen hervor. Sie machen deutlich, wie die Methode angewendet wird und wie sie wirkt.

Da man zu Beginn der Arbeit sehr häufig auf Widerstände stößt, beginnen wir mit einem Beispiel, das zeigt, wie man diese bearbeiten kann.

Widerstände

Eine Freundin von Anna-Christine kam immer wieder zu Lumi-Sitzungen und machte sie bereitwillig mit. Allerdings hielt der Erfolg höchstens zwei Tage an. Dann war wieder alles beim Alten. Sie beklagte sich darüber, und daraufhin machten wir eine Sitzung über ihren inneren Widerstand.

Auf die Frage, wo in ihrem Körper sie einen Widerstand gegen die Lumi-Sitzungen spüre, meinte sie: »In den Schultern.« Es fühle sich dort schwach und wackelig an, irgendwie unsicher.

Was denn die positive Absicht dieser Unsicherheit sei, wollte ich wissen. Sie konnte es zunächst nur negativ formulieren: »Nicht etwas zu machen, was nichts taugt. Nicht enttäuscht zu werden.« Als positive Formulierung dafür fanden wir: »Etwas zu machen, was Hand und Fuß hat, was wirkt!«

Welche Farbe hat etwas, was Hand und Fuß hat? »Braun.« Vor ihrem inneren Auge tauchte Erde auf, ein brauner Feldweg, und sie spürte ihre Füße auf der Erde.

Ich bat sie, dieses Bild und die Farbe Braun tief in alle ihre Zellen einzuatmen.

Ihre Schultern fühlten sich danach gut und sicher an. Nun spürte unsere Freundin aber in der Magengegend ein »mulmiges« Gefühl, das ihre nach wie vor bestehende Unsicherheit ausdrückte.

Was war nun die positive Absicht dieses mulmigen Gefühls? Eigentlich dieselbe wie vorher: »Tu etwas wirklich Wirksames, Heilendes!«

Nach der Farbe von »etwas wirklich Wirksames, Heilendes« gefragt, sah sie die Farbe Silber vor sich. »Silber ist die Farbe des Mondes, des mütterlich-göttlichen Prinzips. Es hält mich wie eine Mutter, schenkt mir Stille und Geborgenheit. Es hilft mir, mich selbst liebevoll anzunehmen, und bringt dadurch die Dinge ins Fließen, sodass sie heilen können …«, las ich ihr aus der Farbtabelle vor, und sie atmete das Silber mit all diesen Qualitäten tief in sich hinein.

Danach fühlte sie sich sehr gut und fröhlich. Sie sah sich mit einem ganzen Arm voller Geschenke, die sie aus den Lumi-Sitzungen mitgenommen hatte und die sie nun an sich drückte. »Ich nehme alle Geschenke des Lebens an!« war ihr Schlusssatz.

Dieser Satz wurde noch mit den Augenbewegungen der liegenden Acht »befestigt«, und sie malte ein Bild dazu. Danach waren die Ergebnisse ihrer Lumi-Sitzungen dauerhaft!

Ein schreckliches Wesen im Bauch

Ein Freund bat mich, Lumira, um eine Sitzung: Er hatte seit einiger Zeit undefinierbare Angstzustände. Nach einer

Entspannungsübung fragte ich ihn, in welchem Teil seines Körpers die Angst säße. Sie befand sich in seinem Bauch und fühlte sich dunkel und unruhig an. Er sah ein Bild von einer schmutzigen Glasscheibe vor sich und meinte, dass sich ein Wesen hinter dieser Scheibe befinde, das er nicht klar erkennen könne. »Dieses Glas und das Wesen sind nicht von mir, jemand hat sie mir eingepflanzt. Ich möchte diesen Teil sofort aus mir raushaben!«, waren seine Worte. Sein Widerstand war enorm groß.

»Erkennst du, dass du selbst die Verantwortung für dich und dein Leben trägst? Dass du dir selbst alle Situationen erschaffst?«, fragte ich ihn. »Wenn du also deine Angst als Teil von dir annimmst, dann wirst du dich ihr nicht mehr ausgeliefert fühlen. Du wirst diesen Teil von dir dann als etwas anerkennen können, was dir gehört, was du dir selbst erschaffen hast.«

»Ich kann mir nicht vorstellen, dass ich mir selbst so was Schreckliches erschaffen habe!«, sagte er.

»Dann geh doch mal mit deinem Bewusstsein in deinen Bauch, in dein Unterbewusstsein. Fühle einfach in dich hinein.«

Nach einer Weile sagte mein Freund: »Ja, du hast recht. Es sind meine Gedanken, Sorgen und Ängste, die das erschaffen haben. Da ist in mir das Gefühl, ein Versager zu sein. Und das gehört doch mir. Ich wollte es einfach nicht wahrhaben.«

»Also, wenn es etwas ist, was du dir selbst erschaffen hast, wenn es ein Teil von dir ist, kannst du nun die Verantwortung dafür übernehmen?«

»Ja, das sollte ich wohl.«

»Was brauchst du, um diesen unbewussten Teil anzunehmen?«

»Wärme!«

Ich fragte ihn nach der Farbe von Wärme und welches Symbol im dazu einfalle.

Die Antwort war: »Rot.« Dazu sah er die Sonne. Ich bat ihn, das Symbol und die Farbe einzuatmen und beides in jede Zelle seines Körpers zu schicken. Als er das tat, sah er, wie das Bild in seinem Bauch sich veränderte. Es wurde hier ruhiger und harmonischer. Er fühlte keine Angst mehr, sondern Ruhe und Wärme. Infolge der Sitzung hatte er erkannt, dass er selbst die Verantwortung für alles, was in seinem Körper vor sich geht, übernehmen kann, und war entschlossen, das auch zu tun.

Alltagsprobleme

Geht's meinem Kind gut?

Eine Kursteilnehmerin erzählte von einer Begebenheit, bei der sich die Lumi-Methode hervorragend bewährt hatte: Ihr achtjähriger Sohn spielte draußen mit den Nachbarskindern im Hof. Sie musste ihren Mann vom Bahnhof abholen und mit ihm zusammen noch eine Besorgung machen. Das alles dauerte länger, als sie gedacht hatte. Auf dem Heimweg standen sie dann noch im Stau. Es wurde dunkel, und sie machte sich fürchterliche Sorgen um das Kind – und Vorwürfe, weil sie ihm keinen Schlüssel gegeben hatte. Schreckensbilder zogen vor ihrem inneren Auge vorbei: Sie sah das Kind weinend bei Dunkelheit und Kälte vor der Tür sitzen und frieren. Sie fühlte sich miserabel!

Sie musste nicht fahren, ihr Mann saß am Steuer, und daher beschloss sie, jetzt die Lumi-Methode auszuprobieren. Sie schloss die Augen und erkannte, dass das Problem sich in ihrer Lunge manifestierte. Die Lunge sah schwarz und schleimig aus, und sie atmete schnell und flach. Die Frau fragte sich: »Womit habe ich mir das erschaffen?« Die Antwort kam prompt: »Durch Kontrollzwang.« Die positive Absicht, die ihr Unterbewusstsein verfolgte, war jedoch: »Loslassen und vertrauen lernen.« Das galt für sie selbst ebenso wie für ihre Kinder und die anderen Menschen, mit denen sie zu tun hatte. Auf die Frage, welche Farbe »loslassen und vertrauen lernen« hätte, gab ihr Unterbewusstsein ihr die Antwort: »Hellblau.« Sie atmete also diese Farbe mit den Eigenschaften ein und fühlte sich rasch klarer und geordneter. Sie nahm bewusst die Glückseligkeit und den Satz »Ich bin heil und ganz, unverletzbar und ewig in meiner Essenz« in sich auf.

Sie berichtete, wie sehr sie das sofort veränderte. Das dunkle Bild in ihren Lungen verwandelte sich in eine harmonische Landschaft, in der sie sich absolut glücklich und geliebt fühlte. Sie schickte dieses Bild ihrem Sohn, mit der Botschaft: »Ich vertraue, alles ist gut.«

Als sie schließlich nach Hause kam, saßen all ihre Kinder in der Küche und aßen gemütlich zu Abend. Ihre ältere Tochter war unerwartet rechtzeitig nach Hause gekommen und hatte den kleinen Bruder eingesammelt!

Wir finden, das ist ein wunderbares Beispiel, denn es kommt eigentlich jeden Tag in allen Lebensbereichen vor, dass wir uns mit unseren Gedankenbildern schlimme Gefühle erschaffen, die ganz überflüssig sind. Hier dauerte die Transformation keine fünf Minuten, und die Wirkung war einfach unglaublich.

Der Blick in den Körper zeigte der Kursteilnehmerin auch, was sie ihrem Körper mit ihren Gedankenbildern antat. Eine schwarze, schleimige Lunge! Man fragt sich, was für Krankheiten sie auf die Dauer hervorbringen könnte! Welchen Virus würde sie wohl anziehen, um diesem Bild gerecht zu werden?

Verhaltensprobleme des Sohnes

Der zehnjährige Jonas ist ein sehr lebendiges, lautes und impulsives Kind. Er lässt sich nicht unterkriegen, kämpft gegen jede Ungerechtigkeit und rebelliert, sobald er sich unfair behandelt fühlt. Das alles führt zu großen Problemen in der Schule. Erika, seine Mutter, erzählte mir, dass er zu Hause ein nettes und pflegeleichtes Kind sei und sie daher nicht verstehe, warum die Lehrer ihn so kritisierten. Sie fühlte sich unverstanden, von ihnen allein gelassen. Sie fühlte sich absolut machtlos. Am folgenden Tag sollte sie in die Schule zu einem Gespräch mit der Direktorin und den Lehrern von Jonas in die Schule kommen, was ihr große Sorgen bereitete. Sie meinte: »Ich bin so wütend auf die alle. Ich werde ihnen bei dem Gespräch richtig meine Meinung sagen!«

Das Thema saß ihr im Hals. Er fühlte sich eng und rau an. Metallisches Grau war die vorherrschende Farbe, und Erika fühlte sich machtlos.

Als ich sie fragte, womit sie sich das erschaffen hatte, erschienen vor ihrem inneren Auge schon längst verdrängte Bilder aus ihrer Kindheit. Sie sah ihre Mutter und fühlte sich von ihr ungerecht behandelt, nicht verstanden und kritisiert. Offensichtlich hatte sie damals dieselbe Machtlosigkeit gefühlt wie in der aktuellen Situation.

»Welche positive Absicht haben die Enttäuschung und die Machtlosigkeit gegenüber deiner Mutter?«, fragte ich.

»Frieden!«

»Welche Farbe hat Frieden?«

Erika war sehr erstaunt, als vor ihrem inneren Auge die Farbe Schwarz auftauchte. Aber als sie diese Schwärze in sich einatmete, fühlte sie sich interessanterweise ruhiger und gelassener. Schwarz unterstützt uns, die Schatten und dunklen Stellen im Inneren, die durch Ablehnung eines Teiles von uns entstanden sind, wahrzunehmen. Es hilft uns, die Kraft, die in ihnen gebunden ist, an uns zu nehmen und sie für unser Leben zur Verfügung zu stellen.

Allerdings sah sie kein Symbol, sondern nur die schwarze Substanz, die sie in sich aufnahm, wodurch sie allem Verdrängten erlaubte, wieder ins Bewusstsein zu gelangen. Das tat ihr sehr gut.

»Was hat sich nun in deinem Hals verändert?«, fragte ich sie.

»Er fühlt sich ruhiger an, nicht mehr so metallisch, aber immer noch ein wenig beengt.«

»Womit hast du dir diese Enge erschaffen?«

Diese Frage brachte eine ganze Reihe von Bildern aus ihrer Kindheit zum Vorschein. Sie fühlte sich ungeliebt. Ihr fehlten Nähe, Geborgenheit und Akzeptanz von ihrer Mutter.

»Welche Farben haben Nähe, Geborgenheit und Akzeptanz?«

Nähe hatte für sie die Farbe Rot. Sie atmete diese Farbe des Lebens und der Liebe in sich hinein und füllte sich durch die rote Energie mit Wärme, Vitalität und Lebenskraft. Sie atmete auch das Gefühl von Leben, von Lebendigkeit, von Wachheit und Präsenz in sich hinein.

Das tat ihr sehr gut. Sie sah dazu das Symbol einer roten Blume und nahm auch das in sich auf.

Geborgenheit war für sie lichtblau, eine Farbe, die klärt und ordnet. So atmete Erika diese Farbe der Glückseligkeit und den Satz »Du bist heil und ganz, unverletzbar und ewig in deiner Essenz« ein. Sie sah dazu eine Feder, die sie in jede Zelle ihres Körpers aufnahm.

Akzeptanz hatte für sie die Farbe Gelb. Gelb ist das bedingungslose »Ja« zum Leben, die Farbe der Sonne und der Freude. Gelb gibt mir Sicherheit und Stabilität. Es sagt: »Ich bin, wie ich bin!« Ich fühle mich sicher und geliebt. Gelb klärt die Gedanken und macht wach, beweglich, leicht, lebendig und froh.

Das war für Erika sehr wichtig, vor allem das bedingungslose »Ja« zum Leben, zu allem, was ihr im Leben begegnet. Es bedeutete für sie, ihren Widerstand zu überwinden und ihr Vertrauen darein zu setzen, dass alles eine positive Absicht hat. Auch Sicherheit und Stabilität waren ihr sehr wichtig, ebenso der Satz: »Ich bin, wie ich bin, und so fühle ich mich sicher und geliebt.« Sie wiederholte ihn mehrmals und atmete ihn zusammen mit der gelben Energie in jede Zelle ein. Dazu sah sie eine aufgehende Sonne, die alle Zellen ihres Körpers beleuchtete.

Das alle führte dazu, dass Erikas Hals sich entspannte und sich friedlich und gelassen anfühlte. Die Machtlosigkeit in ihr verwandelte sich in ein Gefühl von Zuversicht und Verständnis. »Ich verstehe jetzt, dass meine Mutter mir keine Liebe und Nähe geben konnte. Sie hatte selbst keine erfahren.« Erika schickte ihre Mutter das Bild der aufgehenden Sonne, sie schickte ihr die Feder und die rote Blume, und dadurch fühlte sie sich noch besser.

Sie hatte jetzt keine Wut mehr auf die Lehrer ihres Sohnes

und fühlte sich in Bezug auf da
ganz sicher und gelassen.

Erika war erstaunt, dass der Urspru
Sohnes in ihrer eigenen Kindheit lag. Si
ihre Themen weiter anzuschauen und ihre
Konflikte auf ihre positive Absicht hin zu untersu

Später erzählte sie, dass das Gespräch in der Schule sehr friedlich verlaufen sei. Die gefundenen Lösungen waren für beide Seiten befriedigend.

Die Fahrrad-Gangschaltung geht dauernd kaputt

In einem Seminar, in dem wir die Wirkung der Lumi-Methode bei Alltagsproblemen ansprachen, fiel einer Teilnehmerin ein, dass seit einem Jahr ihre Fahrrad-Gangschaltung immer wieder kaputtging, sodass sie nicht mit dem Rad fahren konnte. Sie besaß kein Auto, musste also in diesen Fällen einfach zu Fuß gehen. Sie traute sich nicht, damit zu fahren. (Sie erzählte das eher scherzhaft und erwartete nicht wirklich, dass die Lumi-Methode eine Lösung für dieses technische Problem bereithalten könnte. Doch das Ergebnis der Sitzung war beeindruckend!)

Auf die Frage nach dem Kern des Problems antwortete

änkte Mobilität. Diese mache sich im Üb-
n in ihrer rechten Hüfte bemerkbar.

e zuständige Stelle befinde sich im Rücken. Es fühle sich an, als sei dort etwas verkantet oder eingerostet.

Wie hatte sie sich das erschaffen? Die Antwort kam umgehend: durch Faulheit, Trägheit, Unschlüssigkeit. Da war eine Blockade. Die Teilnehmerin litt darunter, zu viele Möglichkeiten zu haben. Sie wusste oft nicht, womit sie anfangen sollte, also machte sie gar nichts. Die vielen Möglichkeiten lähmten sie: ein uraltes Thema, wie sie sagte, das sie früher auch schon mit Bachblüten behandelt hätte. (Die Bachblüten-Zone dafür [Wild Oat] liegt genau an der von ihr benannten Stelle. Interessant!)

Was war die positive Absicht, die ihrem Problem zugrunde lag? – Alle Möglichkeiten zu behalten.

Als Farbe fiel der Klientin »Regenbogenfarben« ein. Die Farben des Regenbogens stehen für höchstes Glück. Er vereint alle Potenziale zu einem wunderschönen und harmonischen Ganzen! Das einzuatmen fühlte sich für die Frau sehr gut an. Sie entspannte sich sichtlich. Anschließend formulierte sie einen Zielsatz: »Ich tue, was mein höchstes Glück ist, und all meine Potenziale vereinen sich zu einem wunderschönen harmonischen Ganzen.«

Dagegen meldete sich allerdings sofort Widerstand, zunächst im Kopf, dann im Solarplexus. Wie eine Faust, die sie festhielt, fühlte sich das an.

Womit hatte sie sich diese Widerstände erschaffen? Nun, sie hatte die Erfahrung gemacht, dass man sie nicht handeln ließ, wie sie es für richtig hielt, dass andere Angst kriegten, wenn sie einfach ihr Glück verfolgte, und dass es Existenzzwänge gab: Sie musste arbeiten, um ihre Miete zu zahlen, etc.

Die positive Absicht dieser Faust im Solarplexus war es, die Sicherheit des Vertrauten zu bewahren.

Diese Absicht hatte für die Frau ein staubiges Grau. Grau steht für Nüchternheit und Sachlichkeit. Und die empfand die Klientin als dämpfend. Das Grau einzuatmen fühlte sich überhaupt nicht gut für sie an. Sie wurde dadurch zwar nüchtern und sachlich und funktionierte gut, hatte aber das Gefühl, völlig auszutrocknen. Sie sah sich zu einem Gerippe, einer Mumie werden. Das einzig Positive daran war tatsächlich, dass sie gut funktionierte.

Welche Farbe hatte »gut funktionieren«? Silber, die Farbe des Mondes, des mütterlich-göttlichen Prinzips. Silber bringt die Dinge ins Fließen, sodass sie heilen können. Es steht für mediale Fähigkeiten. Zu dieser Farbe mit ihren Eigenschaften sah sie einen silbernen Fluss mit Regenbogenreflexen auf den Wellen. Dieses Bild einzuatmen fühlte sich offenbar sehr gut an, denn sie atmete lange und ausgiebig. Anschließend formulierte sie einen neuen Zielsatz:

»Ich vertraue dem Fluss des Lebens, der jedes meiner Potenziale zu seiner Zeit aufblühen und ins Ganze einfließen lässt.«

Der Satz war ein bisschen zu lang, doch alles in ihr war mit ihm einverstanden. Eine kleine Stimme im Hintergrund riet ihr, vorsichtshalber auch noch die Bachblüte Wild Oat einzunehmen und ihren Rücken damit einzureiben.

Die Teilnehmerin war sehr erstaunt und erfreut über die unerwarteten Erkenntnisse in dieser Sitzung. Eigentlich hatte sie das Beispiel ja eher scherzhaft angeführt. Doch die Sitzung hatte bewirkt, dass sie sich nun ganz anders fühlte.

Die ewig kaputte Gangschaltung hatte sie auf etwas aufmerksam gemacht, und nun konnte sie ganz gelassen und mit voller Aufmerksamkeit das tun, was gerade dran war, ohne ständig an all die anderen Dinge zu denken, die sie eigentlich auch tun wollte/könnte/müsste. Sie vertraute nun darauf, dass das Leben ihr Gelegenheit geben würde, ihr volles Potenzial zu entfalten. Natürlich war die Gangschaltung dadurch noch nicht in Ordnung gebracht, aber sie ließ sie später reparieren, und diesmal blieb sie heil.

Die Hüftprobleme verschwanden mit dieser Sitzung noch nicht. Sie brauchte Krankengymnastik und musste sich eine ganze Weile immer wieder ihren Zielsatz ins Bewusstsein rufen. Nach etwa einem halben Jahr jedoch ging es auch der Hüfte erheblich besser.

Der Küchenabfluss ist verstopft

Eine Freundin beklagte sich darüber, dass der Abfluss ihrer Spüle ständig verstopft sei. Sie meinte, nachdem ich (Lumira) doch behauptete, dass alles etwas zu sagen habe, sollten wir eine Sitzung über diesen verstopften Abfluss machen!

In dem einführenden Gespräch stellte sich heraus, dass nicht nur der Küchenabfluss verstopft, sondern auch der Energiefluss in ihrem Körper gestört war.

Auf die Frage nach der Stelle im Körper, die diesen blockierte, antwortete sie sofort: »Das Herz.« Das Herz war »tiefgefroren«. Während der Sitzung kamen tiefe Trauer und Resignation zum Vorschein. Sie hatte das Gefühl, ihr Herz könne nie wieder auftauen. Als ich sie nach dem Grund fragte, fiel ihr sofort eine vergangene, sehr unglücklich beendete Beziehung zu einem Mann ein, den sie sehr geliebt hatte.

»Womit hast du dir das erschaffen?«, fragte ich sie. – »Mit Misstrauen und Angst«, war die Antwort.

Die positive Absicht hinter diesem Verhalten war, sich zu schützen. Sie sah dazu die Farbe Dunkelblau und das Bild eines nächtlichen Sternenhimmels vor sich. Als sie es einatmen wollte, sagte sie gleich: »Das nutzt überhaupt nichts! Es ist hoffnungslos. Das Gefühl von Hoffnungslosigkeit ist schon immer da. Ich werde einfach nie geliebt. Das ist eine Gemeinheit, dahinter ist gar keine positive Absicht, es ist einfach nur gemein!«

Ich fragte nach der Farbe der Gemeinheit, und sie sagte: »Ein ekliges Olivgrün, Schimmel-Grün.« Ich ließ sie dieses Grün einatmen, und daraufhin geriet sie in völlige Verzweiflung, schluchzte und wiegte sich selbst in den Armen. Nach einer Weile sagte sie: »Ich schrumpfe und werde ganz klein. Jetzt bin ich nur noch ein Pünktchen im Universum. Das fühlt sich eigentlich gut an. Ich bin ganz geborgen.« Jetzt konnte sie das Blau des nächtlichen Himmels ohne Weiteres einatmen, sie konnte darin baden, sich geschützt und geborgen fühlen. Sie hatte jetzt ein sehr angenehmes Gefühl von Wärme und Lebendigkeit in ihrer Körpermitte, aber das Herz fühlte sich nach wie vor schlapp, schwer und trostlos an. »Das kannst du vergessen«, sagte das Herz. Auf die Frage, womit sie sich das erschaffen habe, antwortete sie sich selbst: »Durch Erfahrungen mit Liebesbeziehungen. Es ist einfach hoffnungslos mit mir und der Liebe. Alles für die Katz!« Es war ein heftiger Gefühlsausbruch! Auf die Frage nach der positiven Absicht dieses Verhaltensmusters erwiderte sie: »Zu erkennen, dass die Liebe in mir selbst ist, nicht außen.«

Farbe und Symbol für diese Botschaft war ein großes rosa Herz. Als sie dieses Bild und die damit verbundenen Qualitäten der göttlichen Liebe und Selbstliebe eingeatmet hatte, fühlte sie sich leichter und heller. Im Herzen war noch ein Schmerz, eine Art Bedauern zu spüren. Warum hatte sie nicht schon früher so gelebt?

Ich fragte: »Was ist die positive Absicht des Bedauerns?« – »Zu verzeihen«, war die Antwort. Die Farbe dafür war Grün, und sie sah ein grenzenloses grünes Meer vor sich. Sie atmete die allgegenwärtige bedingungslose Liebe, Dankbarkeit, Freude und Vergebung ein, die die Farbe Grün symbolisiert. Anschließend brauchte sie noch Silber und den Mond als Symbol für das mütterlich-göttliche Prinzip, für Stille und Geborgenheit, die uns liebevoll annimmt und damit den freien Fluss der Energien ermöglicht.

Danach fühlte sich ihr Herz viel leichter an, aber sie spürte dennoch einen leichten Schmerz, der etwas mit Herz und Sex zu tun hatte. Sie sah vor ihrem geistigen Auge einen festen Knoten in der Verbindung zwischen beidem. Diesen Knoten hatte sie durch Hass erschaffen, Hass auf einen Mann, der sie missbraucht hatte. Die positive Absicht des Hasses war, ihre Würde aufrechtzuerhalten. Dazu assoziierte sie die Farbe Weiß und als Symbol eine Kerze.

Sie atmete dieses Bild und die Eigenschaften Klarheit, Reinheit und kosmische Ordnung ein und fühlte sich danach ganz gut. Der Knoten hatte sich gelockert, war aber bereit, sich jederzeit wieder zusammenzuziehen. Misstrauen und Wachsamkeit erhielten ihn aufrecht. Die positive Absicht dahinter war, achtsam und klar zu sein. Sie sollte ihre Motive überprüfen, zum Beispiel nicht, um sich Liebe zu erkaufen »ja« sagen, wenn sie »nein« meinte. Als Farbe dazu fiel ihr ein kristallklares Türkis ein. Sie badete darin und somit in der Eigenschaft Freiheit und der Fähigkeit, aus einem inneren Wissen heraus ehrlich zu kommunizieren. Türkis steht außerdem für die kosmische Ordnung und das damit verbundene Heilsein. Sie spürte, wie sich ihr Becken dabei entspannte und Energie zu strömen begann.

Doch das Herz schmerzte noch immer ein wenig. Diesmal war es ein dunkelorangener Schmerz. Ich las ihr, da Dunkelorange nicht in der Liste aufgeführt ist, aus der Erklärung zu Dunkelrot vor: »Dunkelrot besteht aus der Farbe Rot und einem Anteil Schwarz. Ich habe einen Teil meiner Lebendigkeit und meines Seins in den Schatten verdrängt, weil ich ihn nicht als Ausdrucksform annehme. Es geht darum, mich selbst mit all meinen Gefühlen wirklich zu spüren, anzunehmen und so die volle Lebendigkeit und Lebensfreude wiederzuerlangen.« Das war sehr gut. Sie sah, wie in ihrem Herzen die Sonne schien, vereiste Seen und Bäche zu schmelzen begannen, wie alles tropfte und schmolz und ins Fließen kam. Ich schlug vor, einen Zeitraffer anzuwenden, und fragte nach der Farbe, die er haben könnte. Das war Rot, und zu diesem Rot gehörte das Symbol Feuer.

Als sie die Wärme, Vitalität und Lebenskraft des roten Feuers einatmen wollte, kam heftiger Widerstand auf. Auf die Frage, womit sie sich den Widerstand erschaffen habe, sagte sie: »Mit meinen Erfahrungen.« Der Widerstand saß wieder im Solarplexus und sah wie ein dicker Betonklotz aus, der sich energisch weigerte, irgendwelche Lebendigkeit zuzulassen. »Es wird nicht gelebt!«, schrie er. »Nichts da! Aus, vorbei. Schluss mit Leben!« Sie schimpfte und weigerte sich so lange, das rote Feuer einzuatmen, bis ihr die Absurdität dieser Aussagen zu Bewusstsein kam und ihr Schimpfen in Gelächter umschlug. Der Betonklotz brach auseinander – und der Urwald aus ihr heraus. »Ich bin ein Urwaldstrom«, sagte sie. »Ich bin der Amazonas!« Sie fühlte sich sehr gut mit diesem Bild und sah auch hervorragend aus, aber ich hatte ein merkwürdiges Gefühl im Bauch. Es kam mir ein wenig heftig vor.

»Sieh dich jetzt mal in der Situation mit dem Mann, der dich missbraucht hat«, sagte ich. »Wie ist das für dich?«

»In ihm ist genau die gleiche Kraft, die ich jetzt spüre«, sagte sie. Ich fragte, was ihr in diesem Bild fehlte. – »Zartheit, Rücksicht und Feinfühligkeit«, sagte sie. Die dazugehörige Farbe war Rosa, das Symbol eine Blüte.

Als sie dieses Bild mit den Qualitäten göttliche Liebe und Selbstliebe einatmete, wurde sie ruhiger.

Ich bat sie, gedanklich in die so unglücklich beendete Liebesbeziehung zurückzureisen. Einem Impuls folgend, fragte ich, was ihr bei dieser Erfahrung verloren gegangen sei. Sie bestätigte, dass da etwas verloren gegangen war, nämlich kindliche Unschuld, Offenheit, Hingabe und Vertrauen. Auf meine Frage, wo sie das verloren habe, meinte sie: »Im Herzen.« Sie hatte ein Stück ihres Herzens verloren. Dazu fiel ihr die Farbe Grün ein. Grün steht für allgegenwärtige, bedingungslose Liebe, für Frische und Wachstum, Vertrauen, Vergebung, Freude und Dankbarkeit. Als sie es einatmete, sah sie ein kleines Pflänzchen ganz vorsichtig aus dem Boden wachsen. »Wenn ich gut darauf aufpasse, kann es gedeihen«, meinte sie. Das Aufpassen hatte die Farbe Silber, die Farbe des Mondes, des mütterlich-göttlichen Prinzips. Es hält wie eine Mutter, schenkt Stille und Geborgenheit. Es hilft, sich selbst liebevoll anzunehmen, und bringt dadurch die Dinge ins Fließen, sodass sie heilen können.

Die Affirmation dazu war: »Ich ruhe in mir selbst.«

Der Abfluss war nach dieser Sitzung fast völlig vergessen.

Sie bemerkte zwar, dass das Wasser noch immer schlecht ablief, aber das störte sie nicht mehr. Der Defekt hatte sie auf etwas viel Wichtigeres aufmerksam gemacht: auf den blockierten Energiefluss in ihrem Körper. Das Wasser im Waschbecken pumpte sie gleichgültig ab und ließ irgendwann jemanden kommen, der die Sache dann in Ordnung brachte. Wenn wir keine Energie mehr in äußere Ereignisse stecken (Ärger ist eine starke Energie!), dann können sich die äußeren Gegebenheiten entweder von selbst ändern, oder es kommt etwas oder jemand in unser Leben, und bringt sie ganz friedlich in Ordnung.

Was sich für diese Freundin sofort veränderte, war die Beziehung zu ihrem Exfreund. Sie machte drei Tage nach der Sitzung zum ersten Mal seit langer Zeit die Erfahrung, dass sie wirklich geliebt wurde, und begriff, dass es ihr eigenes gefrorenes Herz gewesen war, das diese Erfahrung verhindert hatte.

Ein wahrhaft großes Geschenk, das ihr der verstopfte Abfluss gemacht hatte!

Gesundheitsprobleme

Unterleibsprobleme

Eine 24-jährige Frau, hier Nadja genannt, kam zu mir (Lumira), um sich Rat und Unterstützung zu holen, weil man ihr empfohlen hatte, ihre Gebärmutter mitsamt den Eierstöcken entfernen zu lassen. Die Prognose war, dass sie aufgrund ihrer ständigen Beschwerden im Unterleibsbereich und der Clamydien, die sich dort angesiedelt hatten, keine Kinder bekommen könne. Wir führten über einen Zeitraum von drei bis vier Monaten mehrere Sitzungen durch.

Darin ging es vorwiegend um das Annehmen: das Annehmen ihres Lebens, ihres eigenen Wesens und all der Dinge, die ihr begegneten. Denn als sie zu mir kam, war sie gegen alles. Es gab in ihrem Leben nur »komische Leute«, die Stadt, in der sie wohnte, war »komisch«, ihre Ausbildung war schlecht, ihre Eltern und Schwiegereltern nicht so, wie sie sie haben wollte … Jedes zweite Wort, das sie sagte, war »aber«. Alles sollte weg! Die Empfehlung, ihre Gebärmutter entfernen zu lassen, war nur ein Spiegel ihrer eigenen inneren Haltung des Weghaben-Wollens.

Im Laufe unserer Arbeit begriff sie mehr und mehr, dass es ebendiese ablehnende Haltung war, die ihre Probleme hervorrief. Sie verstand, dass der erste Schritt in Richtung Besserung war, die Dinge und sich selbst so anzunehmen, wie sie sind. Spektakulär war die Sitzung, in der sie ihre Clamydien eine nach der anderen »liebevoll in die Arme schloss und abküsste« und ihre Gebärmutter, ihre Eierstöcke und damit ihre Weiblichkeit annahm. Die Clamydien waren, als sie sich entschloss, mit ihnen zu kommunizieren, gar nichts Schlimmes mehr, sondern sie stellte sie sich nun als recht sympathische kleine Wesen vor, die auf einem Schiff in ihrer Gebärmutter herumsegelten. Es war so nicht mehr schwer, mit ihnen Frieden zu schließen. Nachdem sie Liebe, Achtung und Anerkennung bekommen hatten, segelten sie ganz vergnügt davon. Sie segelten auch ganz real aus ihrem Bauch davon! Bei Untersuchungen konnten nach kurzer Zeit keine Clamydien mehr nachgewiesen werden. Ein Wunder! Und es geschah ganz einfach dadurch, dass sie sie bedingungslos angenommen hatte.

Auch ihre Unterleibsorgane wurden nicht entfernt. Die junge Frau wurde kurz darauf schwanger und brachte ein völlig gesundes Kind zur Welt!

Hexenschuss

Eine Freundin, Maren, rief mich (Anna-Christine) verzweifelt an und bat um Hilfe, weil sie sich einen Hexenschuss zugezogen hatte und sich nur unter großen Schmerzen bewegen konnte. Sie ist Tanzlehrerin und ein Bewegungsmensch, daher traf sie dieser Zustand doppelt hart.

Wie zu erwarten, saß die Stelle im unteren Rückenbereich und brannte, interessanterweise aber kalt. Auf die Frage, wodurch sie sich diesen Zustand erschaffen habe, kamen eine ganze Reihe von Antworten: durch Bücken, Heben, Schleppen, Sich-Übernehmen, vielleicht auch durch Enttäuschung – und durch Kälte.

Die positive Absicht, die sie dahinter vermutete, war: das Leben einfacher und ruhiger angehen.

Dafür sah sie die Farbe Grün vor sich, die Farbe von allgegenwärtiger bedingungsloser Liebe, von Wachstum und Frische, die den ganzen Körper harmonisiert, für Ausgleich sorgt sowie emotionale und körperliche Wunden und Narben heilt. Grün ist die Farbe von Dankbarkeit, Freude, Vertrauen und Vergebung.

Als sie diese Farbe einatmete, sagte sie, es sei alles eingefroren. – »Wo?« – »An der Stelle, wo der Hexenschuss sitzt, und auch in meinem Herzen.«

Es war naheliegend, zu fragen, welche Farbe das Eis zum Schmelzen bringen würde. Natürlich antwortete sie: »Rot«, die Farbe des Lebens und der Liebe, die Wärme,

Vitalität und Lebenskraft schenkt. Sie atmete das Bild eines Feuers in dieser Farbe ein, und der obere Bereich der Hexenschussgegend taute etwas auf.

Maren wurde sich langsam bewusst, dass sie ihre Sexualität auf Eis gelegt hatte und dass die Kälte die positive Absicht hatte, sie daran zu erinnern, dass sie lebendig, voller Leidenschaft und Feuer leben wollte. Dazu assoziierte sie wiederum Rot und Orange und das Bild einer Tänzerin.

Sie atmete das Bild in den beiden Farben ein und spürte, wie alles etwas lebendiger und wärmer wurde. Gleichzeitig spürte sie aber auch Resignation und Trauer im Hals und sagte: »Ich kann das ja doch nicht leben.« Sie weinte und spürte, wie durch das Weinen ihre Kehle weiter wurde.

»Welche positive Absicht hat deine Trauer?«, fragte ich sie. – »Weicher werden, mich spüren, lebendig sein«, war die Antwort. Das hatte die Farbe Gelb, und sie sah ein lachendes, hüpfendes, tanzendes Kind vor sich. (Gelb ist das bedingungslose »Ja« zum Leben, die Farbe der Sonne und der Freude. Gelb gibt Sicherheit und Stabilität. Es sagt: »Ich bin, wie ich bin!« Gelb klärt die Gedanken und macht wach, beweglich, leicht, lebendig und froh.) Sie atmete dieses Bild ein, spürte dann aber, wie das Lachen immer wieder in ihrer Brust gefror. Dort fühlte es sich grau und diffus an.

»Ich weiß nicht, wie ich das leben soll, ohne dass es zu einer Katastrophe kommt«, kommentierte Maren. Die positive Absicht ihres »Einfrierens« war es, Sicherheit und Ordnung aufrechtzuerhalten.

»Welche Farbe hat Sicherheit und Ordnung für dich?« – »Dunkelblau.« Sie atmete das Dunkelblau ein und meinte, jetzt würde alles »normal«.

Im Becken machte sich wieder eine ungeheure Sehnsucht bemerkbar, die die Farben Orange und Feuerrot brauchte. Als sie diese Farben tief in sich einsog, fühlte sie sich besser, warm und lebendig.

Sie formulierte den Zielsatz: »Ich lebe lebendig, voller Lachen und Liebe!«

Dagegen meldete sich Widerspruch in ihrem Kopf: »Wie soll das denn gehen?« Der Widerstand sah dunkel aus, und ihr Gesicht fühlte sich tot und versteinert an. Sie spürte eine heftige Sehnsucht danach, zu lachen. Auf die Frage nach der Farbe des Lachens sagte sie: »Regenbogenfarben.«

Sie atmete viele vibrierende Regenbogen und Regenbogenreflexe ein, wie Kristalle sie werfen, wenn die Sonne durch sie hindurchscheint, und ihr Gesicht wurde wunderschön weich.

Jetzt stimmten alle Teile von ihr dem Zielsatz zu:

»Ich lebe lebendig, voller Lachen und Liebe.«

Am nächsten Tag rief sie mich an und erzählte, der Hexenschuss sei vollständig verschwunden. Sie habe noch am selben Abend zwei Tänze für eine Aufführung choreographiert und fühle sich herrlich!

Darmprobleme

Irene hatte Schwierigkeit, ihren Darm zu entleeren. Auf die Frage, wo das Problem im Körper sitzt, antwortete sie: »Am Gallenausgang.« Es fühle sich hier »unruhig und reizbar an« und sehe »krümelig« aus.

Doch Irenes Unterbewusstsein wollte nicht mit ihr kommunizieren. Auf die Frage, was sie brauchte, um Kommunikation herzustellen, antwortete sie: »Grün und ein Kleeblatt.« Erst als Irene die Eigenschaften der Farbe Grün (allgegenwärtige und bedingungslose Liebe, Dankbarkeit, Freude und Vertrauen) eingeatmet hatte, war ihr Unterbewusstsein bereit, mit ihr zu sprechen.

Womit hatte sie sich ihre Beschwerden erschaffen? Durch Verbitterung, Enttäuschung, Zurückhaltung und dadurch, dass sie ihr Sexualleben nicht lebte.

Was war die positive Absicht dieser Beschwerden? Sie dazu zu bringen, sich zu lieben, auf ihren Körper zu achten, dankbar und zufrieden zu sein.

Die Farbe dafür war Orange und das Symbol dazu eine Apfelsine. Irene atmete mit der Farbe und dem Symbol die pulsierende Lebensenergie und Lebensfreude in sich hinein. Und ihre Haltung und ihr Gesichtsausdruck wurden sofort weicher und strahlender.

Am Gallenausgang hatte sich dadurch ein Fenster geöffnet. Es war noch dunkel dort, aber der Weg war frei.

Auf die Frage, wie sie sich diese Dunkelheit erschaffen habe, sagte sie: »Dadurch, dass ich nicht vertraue.« Die positive Absicht der Dunkelheit war, vertrauen zu lernen und an Wunder zu glauben. Sie sah dafür die Farbe Gold und das Symbol der Sonne vor ihrem geistigen Auge. Sie atmete dieses Bild und die Eigenschaften »spirituelle Sonne, höchste Energie, universelle Liebe und universeller Schutz« in sich hinein.

Durch das Fenster an ihrem Gallenausgang strömte jetzt ein goldener Fluss, und die Dunkelheit war verschwunden. Das Fenster war ganz hell und fühlte sich angenehm und stimmig an. Ihre Affirmation war: »Ich vertraue auf den Fluss des Lebens.«

Als Schlussbild sah sie sich in einem orangegoldenen Gewand auf einer grünen Wiese stehen, die Sonne strahlte vom Himmel herab.

Auf die Frage, ob alle Teile ihres Bewusstseins nun einverstanden seien, wurden ihr allerdings die Beine schwer, und auf die Frage: »Womit hast du dir das erschaffen?«, antwortete sie: »Ich trau mich nicht weiter.«

Die positive Absicht dieser Furcht war es, für Beständigkeit und Treue zu sorgen. Dafür sah sie die Farbe Lichtblau ohne ein Symbol vor sich. Lichtblau hat die Eigenschaften Klarheit und Ordnung. Es ist die Farbe der Glückseligkeit. Es vermittelte die Botschaft: »Du bist heil, ganz und unverletzlich in deiner Essenz.« Sie atmete dieses Lichtblau ein, und ihre Beine wurden leicht.

Nun war ihr ganzes System einverstanden, und Irene strahlte wie ein Sternenkind.

Diese Sitzung war der Anstoß zu einem langen Prozess, in dessen Verlauf Irene noch mehrere Lumi-Sitzungen durchführen sollte, um verschiedene andere Probleme zu bewältigen. Sie nahm an einem unserer Seminare teil und arbeitete selbstständig weiter daran, ihre Verhaltensmuster positiv zu verwandeln. Nach etwa sieben Monaten waren ihre Darmprobleme, die ein Lebensthema gewesen waren, behoben. Sie hatte im Laufe der Sitzungen außerdem wichtige Botschaften ihres Körpers verstanden und in ihr Leben integriert. Sie hört nun auf die Signale ihres Körpers und auf ihre Bedürfnisse, wählt Lebensmittel bewusst aus, sucht immer wieder die innere Ruhe, usw. Eine ganz erstaunliche Veränderung, denn Irene ist bereits siebzig Jahre alt!

Myome

Anja hatte über Jahre hinweg zwei große Myome in ihrer Gebärmutter. Da sie sich sicher war, dass so etwas nicht einfach grundlos geschah, ließ sie sich nicht operieren. Sie wollte wissen, worauf die beiden Myome sie hinweisen wollten. Endlich machten wir eine Lumi-Sitzung darüber.

Das Thema saß eindeutig in ihrem Bauch. Es fühlte sich zögerlich an, wie eine Ladehemmung. Irgendwie waren da zu viele angefangene Projekte, zu viele Ideen, sodass sie nicht wusste, was sie zuerst umsetzen sollte.

Ihr Bauch spiegelte ihr ihre Umgebung, ihre Wohnung, in der es von angefangenen Projekten nur so wimmelte, Strick- und Nähprojekten, angefangenen Schmuckstücken und Bildern, Büchern und vielem mehr.

Die positive Absicht hinter ihrem Problem war also: Ordnung schaffen! Sie sollte aussortieren und nur das behalten, was sie wirklich machen wollte. Alles andere galt es wegzuwerfen oder zu verschenken, das Übrige zu Ende zu führen. Sie sah dazu die Farbe Grau (Sachlichkeit, Nüchternheit, Kritikfähigkeit, Urteilskraft) und einen Bleistift, der entweder durchstrich oder ein Häkchen machte. Als sie dieses Bild einatmete, entspannte sich ihr Bauch merklich. Das verlockende Glitzern all der Projekte verschwand, und es breitete sich eine angenehme Nüchternheit aus. Zusätzlich empfing sie die Botschaft: »Nimm die Projekte, die leuchten!« Diese Botschaft hatte die Farbe Magenta.

Magenta steht für göttliche Inspiration, für die Manifestation des göttlichen Plans auf der Erde durch uns.

Sie sah das Magenta in Form einer Blütenrispe vor sich, an der mehrere Knospen saßen, von denen eine nach der anderen aufging und zu einer wunderschönen Blüte wurde. Als sie das Bild einatmete, sah sie sich Ordnung schaffen, ihren Strickkorb ausmisten, ihre Stoffschubladen aussortieren, ihre Schreibtischschubladen ordnen – und es fühlte sich sehr gut an!

Auch in ihrem Bauch kehrte Ordnung ein. Er fühlte sich erheblich leerer an und sehr ordentlich. Sie vermisste sogar irgendwie ihr kreatives Chaos, aber dann merkte sie, dass nun Platz war für eine wunderschöne Blüte, die sich ganz von selbst und in einer unglaublichen, vielschichtigen Schönheit entfaltete.

Der Haufen war zwar jetzt körperlich noch zu spüren, aber es war keine Energie mehr darin gebunden. Sie hatte das Gefühl, dass er noch Zeit brauchte. Er würde verschwinden, wenn sie das Aufräumen in die Tat umgesetzt hätte. Sie wusste auch schon genau, wie sie das machen würde …

Auf mein Anraten atmete sie noch die farblose Energie der Zeit ein, und danach fühlte sich ihr Bauch vollkommen gesund an! Die Affirmation war: »Der göttliche Plan blüht durch mein Leben.«

Auf die Frage, ob mit diesem neuen Verhaltensmuster alle Teile in ihr einverstanden seien, hörte sie hinter ihrem rechten Ohr ein graues Männlein mit in die Hüften gestemmten Händen sagen: »Und was ist mit deinem Job? Soll das jetzt heißen, dass du deinen Job aufgibst, oder was? Bleib mal auf dem Teppich!« Seine positive Absicht war natürlich Erdung. Es wollte, dass sie die Füße auf dem Boden behielt, denn die Blüten waren tatsächlich aus dem Nichts gewachsen, ganz ohne Wurzeln.

Erdung hat die Farbe Braun, und als sie den Blütenbaum auf guter, fester Erde wachsen ließ und dieses Bild einatmete, waren alle Teile zufrieden.

Die Affirmation wandelte sich zu: »Der göttliche Plan erblüht durch mein Leben auf der Erde.«

Sie machte sich dann tatsächlich daran, ihre vielen Projekte auszusortieren und nur das Wesentliche zu behalten. Nach einem halben Jahr berichtete sie, sie habe eines ihrer »Großprojekte« in die Tat umgesetzt und die Myome seien kleiner geworden. Sie fühlte, dass sie auf einem guten Weg war.

Probleme mit der linken Körperseite

Eine Frau kam mit Herzschmerzen, Bindehautentzündung im linken Auge und Schmerzen in der linken Hüfte zu mir (Lumira). Ihre ganze linke Körperseite fühlte sich irgendwie nicht gut an.

Im Gespräch kam ziemlich viel Wut auf ihren Partner und auf Männer im Allgemeinen zum Ausdruck, insbesondere auf die Eigenart der Männer (aller Männer!), sich selbst völlig in Ordnung zu finden. Im Gegensatz dazu hatte sie immer das Gefühl, an sich arbeiten zu müssen.

Auf die Aufforderung, das Problem im Körper zu lokalisieren und zu beschreiben, sagte sie, die ganze linke Seite fühle sich wie ein Donnerwetter an. Hier sammelten sich schwarze Wolken, Blitz und Donner und eine Stinkwut, eine ungeheure destruktive Kraft.

Auf die Frage »Womit hast du dir das erschaffen?« tauchte das Bild eines resignierten Kindes auf, das nichts bzw. immer nur das machen darf, was andere von ihm verlangen, das auch nicht wütend werden darf, sondern immer brav sein muss. »Für mich ist kein Platz hier«, war das bestimmende Gefühl, und sie weinte heftig und verzweifelt.

»Was will dieses Bravsein, dieses sich Zurückhalten, dieses Dich-nicht-leben-Lassen bewirken?«, fragte ich sie. – »Harmonie.«

»Und welche Farbe hat die Harmonie?« – »Sie ist regenbogenfarben.«

»Regenbogenfarben steht für höchstes Glück und die Verbindung zwischen Himmel und Erde in mir. Es öffnet mich, richtet mich auf, macht mich glücklich und froh. Regenbogenfarbenes Licht bringt mich in Einklang mit mir selbst und vereint all meine Potenziale zu einem wunderschönen, harmonischen Ganzen.«

Sie atmete die Farben ein, und man konnte sehen, wie sie sich aufrichtete und tatsächlich viel glücklicher und froher aussah.

Die nächste Frage war, ob sich in der linken Seite etwas verändert habe.

Dort sah es jetzt anders aus: »Es ist noch dunkel, aber warm. Die Dunkelheit ist die Kraft, die dort festgehalten wird. Das Herz tut noch weh, aber nicht mehr so stark.«

Ich fragte wieder: »Womit hast du dir diese Dunkelheit erschaffen?« Sie antwortete: »Mit Ängstlichkeit und indem ich mich in bestimmten Situationen zurücknehme und nicht für mich einstehe.«

Die positive Absicht dieser Zurückhaltung war wiederum Harmonie.

Auf die Frage »Welche Farbe hat diese Harmonie?« erwiderte sie überraschend: »Kackbraun!« Sie wollte diese Farbe um nichts in der Welt einatmen, und als sie es auf meine Aufforderung hin doch tat, drückte das Gesicht Widerwillen aus. Sie sagte: »Das fühlt sich ekelhaft an, matschig und grässlich. Es deckt alles zu.«

Ich fragte: »Was deckt es zu!« – »Alles! Alle Freude, alle Leichtigkeit.«

»Welche Farbe hat das, was von der ›Kacke‹ zugedeckt wird?« – »Alle anderen Farben. Rot, Orange, Grün, Magenta, Türkis, Gold!« Ich ließ sie nacheinander all diese Farben und ihre Eigenschaften einatmen und beobachtete eine totale Verwandlung der Frau. Sie sah jetzt viel jünger aus! Bei der Farbe Türkis, die für ehrliche Kommunikation steht, tauchte ein schönes Symbol in ihr auf: ein Mund, der aus dem Herzen spricht.

Die linke Seite sah nach diesem Prozess schon viel harmonischer aus, aber noch nicht wie die rechte.

Ich fragte: »Womit hast du dir diesen Unterschied erschaffen?« Sie hatte verinnerlicht, dass Frauen weniger wert sind, nichts taugen und unterdrückt werden müssen.

Auf die Frage, was die positive Absicht hinter dieser Überzeugung sei, sagte sie: »Klarheit, Voraussehbarkeit und Sicherheit durch Kontrolle.« Die Farbe dazu war Grau, das Symbol ein grauer Kasten. Die rechte Seite liebte diesen grauen Kasten und fühlte sich ausgesprochen wohl mit ihm, die linke Seite lehnte ihn vehement ab und konnte ihn wegen der Ecken und Kanten nicht einatmen. Auf meine Frage nach der positiven Absicht der Ecken und Kanten antwortete sie: »Ordnung«, und als die Farbe von Ordnung nannte sie Lila.

»Violett oder Lila ist die hohe spirituelle Schwingung, ist universelle Liebe, Transformation und Heilung. Lila verbindet mich mit dem Höheren Selbst, mit dem Göttlichen, von dem alle Heilung kommt. Die Violette Flamme kann universell zum Heilen und Klären eingesetzt werden.«

Sie atmete genüsslich das Violett in ihre linke Seite ein. Interessanterweise wollte die rechte Seite, die immer noch mit dem grauen Kasten beschäftigt war, auch etwas davon haben.

Auf die Frage, was nötig sei, damit beide Seiten eins werden könnten, antwortete sie: »Zeit.« Sie war ganz zufrieden damit, einfach abzuwarten.

Ich bin aber mehr für sofortige Heilung, daher fragte ich nach der Farbe der Zeit und ob ihr ein Bild dafür einfalle.

»Farblos«, war die Antwort. Das Symbol war ein Fluss. Ich ließ sie den Fluss einatmen, und sie versank in einen meditativen Zustand von Grenzenlosigkeit und Weite. Das war ihr Abschlussbild.

Als Affirmation dazu sagte sie: »Ich nehme die göttliche Weite in meinem Leben an.«

Auf die Frage, ob alle Teile ihres Unterbewusstseins mit diesem Ziel einverstanden seien und die Verantwortung dafür übernehmen könnten, antwortete sie mit einem begeisterten: »Ja!«.

Diese Affirmation wurde anschließend noch durch Augenbewegungen mit der liegenden Acht verankert.

Ich fragte noch, ob sie jemandem etwas schenken wolle. Das wollte sie und schickte ihrem Freund einen großen Ballon voller Grenzenlosigkeit und Weite.

Ich war immer noch nicht zufrieden, sondern fand, sie

solle allen Männern ein Geschenk machen. Daraufhin schickte sie allen Männern dieser Welt, insbesondere ihrem Sohn und ihrem Vater, diese Grenzenlosigkeit und Weite. Sie fühlte sich sehr wohl damit.

Anschließend hatte sie kein Problem mehr mit männlichem Selbstbewusstsein. Auch die Bindehautentzündung im linken Auge verschwand, das Herz und die linke Hüfte taten nicht mehr weh.

Schlafstörungen

Der folgende Fall ist ein Beispiel dafür, mit der Lumi-Methode kreativ umzugehen, weil die Klientin keine Antworten auf die Fragen hatte. Vielmehr tauchten lediglich Bilder auf, an denen wir uns dann entlangtasteten.

Doris kam wegen jahrelanger Schlafstörungen zu mir (Anna-Christine). Sie meinte, diese hätten wahrscheinlich mit mangelnder Abgrenzung zu tun.

Als ich danach fragte, wo das Problem sitze, das zu den Schlafstörungen führt, nannte sie mir den oberen Bauchraum. Die Stelle fühlte sich an wie ein Moor, schlammig, dunkelgrün und bodenlos. Ihr Herz schlug schneller, und sie spürte Angst in sich aufsteigen, richtiggehend Panik davor, in diesem Moor zu versinken, davor, dass der Boden sie nicht trägt.

Weder mit der Frage, womit sie sich das erschaffen habe, noch mit der Frage nach der positiven Absicht dahinter konnte sie etwas anfangen. Aber auf einmal sah sie sich unter Wasser, sah Fische herumschwimmen. »Ich kann auch wieder auftauchen«, sagte sie. »Oder einen Schatz finden.« Ich hörte einfach zu und sagte hin und wieder interessiert und ermunternd »Aha!« oder »Mhm«. Und schließlich sah sie den »Schatz«, einen orange leuchtenden Stein.

Ich las ihr die Eigenschaften der Farbe Orange vor: »Pulsierende Energie und Lebensfreude … Schöpferkraft …«, und bat sie, diese tief in sich hineinzuatmen oder sie gedanklich zu trinken.

Das Moor veränderte sich dadurch nicht, daher bat ich sie, einfach die dunkelgrüne Schlammfarbe einzuatmen oder sich diese in ihrem Inneren ausbreiten zu lassen. Davon wurde ihr schlecht. Die Angst ging zwar weg, aber stattdessen machten sich Unbehagen und Ekel vor dem »Baatz« breit. Die Frage nach der positiven Absicht des Schlamms führte wiederum zu nichts, aber sie sah sich nun einen Schritt vor dem Moor stehen und hellblaue Pfeile, die nach rechts zeigten und um das Moor herum aufgebaut waren. »Ich brauche nicht in das Moor hineinzugehen«, sagte sie. »Ich habe die Wahl, ich kann auch ausweichen. Aber ich würde gern auch mal nach links oder geradeaus gehen, über das Moor.« Auf meine Frage, welche Farbe das Geradeausgehen habe, nannte sie Grün und sah eine schöne grüne Wiese mit Blumen und Sonnenschein. Ich bat sie, das Bild einzuatmen, aber das legte das Moor nicht trocken. »Dazu ist ein rotes Herz nötig!«, sagte sie entschieden. Das rote Herz brachte sie über das Moor auf die sonnige, grüne Blumenwiese. Sie sah sich aber immer hin und her springen. »Bei Gewitter«, sagte sie, »komme ich gleich wieder in die dunkle Landschaft mit dem Moor.«

Ich ermunterte sie, etwas zu finden, was sie vor dem Gewitter schützen würde. Sie sah eine braune, gemütliche Holzhütte, in die sie hineingehen konnte – und auch wieder hinaus auf die Blumenwiese, wenn das Gewitter vorbei war.

Das war schon ganz gut, aber sie fühlte sich noch einsam auf ihrer Wiese. Auf die Frage, welche Farbe ihr in dieser Situation helfen würde, nannte sie Dunkelblau, die Farbe des Schutzes, der kosmischen Ordnung und Gesetzmäßigkeit, und sie sah das Symbol Dreieck vor sich. Das blaue Dreieck bewirkte, dass ein Wanderweg an ihrer Holzhütte vorbeiführte und Menschen des Weges kamen.

Es fehlte aber noch etwas zu ihrem völligen Wohlbefinden, und das hatte die Farbe Rosa, die Farbe des Herzens, der bedingungslosen Liebe und Selbstliebe. Erst als sie diese Farbe in sich aufgesogen hatte, verwandelte sich das Bild so, dass sie sich wirklich darin wohl fühlte: Sie saß mit ihrem Liebsten auf einer blauen Bank vor der Holzhütte in der Sonne, sah vor sich eine schöne Blumenwiese und im Hintergrund die Berge und fühlte sich glücklich und geborgen.

Das war das Abschlussbild, das sie mit nach Hause nahm, und es half ihr eine Zeit lang, nicht nur gut zu schlafen, sondern sich auch überhaupt wohlzufühlen. Da sie es nicht konstant weiterbenutzte, gewannen nach einiger Zeit die alten Muster wieder die Oberhand. Das ist leider natürlich. Man kann nicht erwarten, dass mit einer Sitzung alles verwandelt ist, was man jahrzehntelang an negativen Gefühlen oder Verletzungen in sich getragen hat. Die Veränderungen festigen sich mit der Zeit. Oft kommen auch erst nach einer Weile tiefere Schichten zum Vorschein, die man dann wiederum bearbeiten kann. So geht nach und nach der Heilungsprozess voran.

Psychische Probleme

Allein sein

Erika fühlte sich öfter allein, nicht dazugehörig, überflüssig. Es fehlte ihr an Selbstwertgefühl. Sie war sehr schüchtern und zurückhaltend, es fiel ihr schwer, mit Menschen in Kontakt zu kommen. Sie erzählte mir, dass sie öfters Körperreinigungskuren durchführte, bei denen sie fastete und ihre Leber reinigte.

Als ich sie bat, in ihren Körper hineinzuschauen und mir zu sagen, im welchem Körperteil ihr Problem sitze, sagte sie: »In der Leber.« Ihre Leber sehe dunkel aus und fühle sich an, als wäre sie mit Steinen und Sand gefüllt. »Ich wollte diese Woche eine Leberreinigung machen«, sagte Erika. – »Was ist das, was du immer reinigen musst? Was willst du weghaben?«, fragte ich sie. Sie hielt inne und meinte, dass es ihre Probleme seien, die sie loswerden wolle.

Ich sagte, sie solle zuerst ihre Probleme annehmen – und auch die volle Verantwortung dafür. Das wollte sie nun auf gar keinen Fall. Sie war bereit, zu kämpfen und sich dauernd zu reinigen, aber ihr mangelndes Selbstwertgefühl, die Schüchternheit, ihre Zurückhaltung und die Kontaktschwierigkeiten wollte sie auf gar keinen Fall annehmen.

Daraufhin bat ich Erika, mit ihrem Bewusstsein in ihre Leber zu gehen. Ich sagte: »Schau, hier ist ein Teil von dir, ein Teil deines Selbst, den du ablehnst, weil er nicht so ist, wie du ihn haben willst. Dieser Teil steht für dein mangelndes Selbstwertgefühl, deine Schüchternheit, deine Zurückhaltung und deine Kontaktschwierigkeiten. Er ist ein Aspekt von dir. Du lehnst ihn ab, spülst ihn dauernd mit Gewalt weg. Fühle dich doch stattdessen einmal hinein. Wie fühlt sich dieser Teil von dir?«

»Ganz schlecht«, sagte Erika voller Entsetzen. »Er fühlt

sich allein, nicht dazugehörig, überflüssig.« – »Schau, dieser Teil fühlt sich genauso wie du selbst«, sagte ich. »Was meinst du also, was braucht dieser Teil?« – »Angenommen zu werden …!«

Nun bat ich Erika, zunächst ihre dunkle, sandige Leber anzunehmen, so wie sie ist. Die Frau fand diese Vorstellung nicht gerade angenehm, aber sie machte es trotzdem. Dadurch begannen ihr Gesicht und ihre ganze Haltung, sich zu verändern. Ihre Gesichtszüge wurden weicher, und sie richtete sich auf. »Das tut sogar sehr gut, sich anzunehmen, wie man ist«, sagte sie. »Es fühlt sich leicht und friedlich an!« – »Leicht und friedlich« hatte für Erika die Farbe Hellblau, und das Symbol dazu war der Himmel. Sie atmete diese Farbe mit deren Eigenschaften Klarheit und Ordnung sowie einem Gefühl von Glückseligkeit und das Symbol in sich hinein. Ihre Leber strahlte und fühlte sich sehr wohl. Erikas Affirmation war: »Ich liebe alle Teile von mir!« Dazu sah sie ein Bild des indischen Gottes Shiva vor sich, der mit seinen sechs Armen alle Teile von ihr liebevoll streichelte.

»Ich brauche keine Leberreinigung mehr«, sagte sie, als die Sitzung beendet war.

Eine Reinigungskur ist wirklich eine sehr gute Sache, aber vielleicht brauchen wir alle als Erstes eine »Ich nehme mich ganz und gar an, wie ich bin«-Kur …

Partnerschaftsprobleme

Martina hatte sich gerade von ihrem Freund getrennt. Sie fühlte sich nicht gut damit, war hin und her gerissen zwischen Groll, Liebe und der Angst, einen Fehler gemacht zu haben. Diese Gefühle manifestierten sich in einer heftigen Unruhe in ihrem Bauch.

Auf die Frage »Womit hast du dir das erschaffen?«, sagte sie, sie habe Angst, einen falschen Schritt getan zu haben. Ihrem Freund gehe es sowieso gerade nicht gut, sie fühle sich schuldig, ihn ausgerechnet in diesem Moment fallen zu lassen. Sie erinnerte sich plötzlich an den Tod ihres Vaters, dessen Krankheit sich unglücklicherweise an einem Wochenende, an dem sie aus beruflichen Gründen nicht bei ihm sein konnte, so verschlimmerte, dass er starb. Sie fürchtete, nun wieder eine Gelegenheit zu verpassen, helfen zu können. Andererseits war sie von der Situation überfordert. In ihrem Bauch spürte sie die gleiche Hilflosigkeit und Mutlosigkeit gegenüber den psychischen Verhaltensmustern ihres Freundes, wie sie sie früher gegenüber ihren Eltern gefühlt hatte, die gleichen Schuld- und Ohnmachtsgefühle.

Die positive Absicht dieser Situation war schlicht und einfach, dass sie sich dessen bewusst werden sollte, dass das, was sie in ihrer Kindheit erlebt hatte, noch immer ihr Leben bestimmte.

Statt einer Farbe sah sie für diese Erkenntnis ein klares Licht. Sie atmete das klare Licht der kosmischen Ordnung in sich hinein und mit ihm auch das Heilsein. Ihr Bauch entspannte sich daraufhin.

Es gab aber noch eine Stelle in ihrem Bauch, die weiter vor sich hin grummelte. Sie spürte den Groll und den Ärger über ihre »blöden Eltern, die nicht für sich selbst sorgen können und immer anderen die Schuld an allem geben«. »Immer muss ich mich um die anderen kümmern«, murrte sie. »Können die nicht mal auf sich selbst aufpassen?«

Die positive Absicht der Botschaft, die sich hinter ihren Problemen verbarg, war also: »Lass die anderen einfach so sein, wie sie sind, und leb dein eigenes Leben!«

Bevor sie dazu eine Farbe finden konnte, übermannte sie schon die Wut: »Schade um all die vertane Zeit! In der Zeit hätte man richtig gut leben können!!!« Die Wut war richtig schwarz. Martina fühlte sich in die Wut hinein und spürte auch die Trauer und Einsamkeit darin.

Die positive Absicht der Wut fiel ihr ganz spontan ein: »Ich soll meine Energie für mein eigenes Glück nutzen.« Die Farbe dazu war Smaragdgrün.

Sie sog das Grün der allgegenwärtigen bedingungslosen

Liebe, die alte Narben und Wunden heilt, die Farbe der Vergebung, tief in sich auf. Dazu sah sie ein vierblättriges Kleeblatt vor sich und atmete es in ihr Herz ein. Dann schenkte sie auch gerne ihrem Freund, ihrer Mutter und ihrem Vater ein Kleeblatt.

Sie fühlte sich nun sehr entspannt. In ihrem Bauch war jedoch noch eine kleine Stimme, die sagte: »Ungerecht! Auf mich sind immer alle sauer! Ich kann doch nix dafür, dass die so unglücklich sind!«

Die positive Absicht dieser Stimme war: »Für mich eintreten«. Dazu stellte sie sich vor, wie sie einen Stab in ihrer rechten Hand hielt, mit dessen Hilfe sie wie ein Krieger für sich kämpfte und sich ihren Raum bewahrte. Die Farbe dazu war Blau. Sie sog das Blau in sich auf und merkte nach und nach, wie ein Raum um sie herum entstand, den sie nach einer Weile nicht mehr verteidigen musste. »Jetzt brauche ich die Ellbogen nicht mehr. Der Raum ist sowieso da, er war schon immer da«, meinte Martina. Dazu sah sie die Farbe Silber, die Farbe des mütterlich-göttlichen Prinzips, das Geborgenheit und Stille schenkt. Sie atmete diese Farbe ein und gab ihr die Form einer riesigen Schutzhülle.

Ein kindlicher Teil von ihr staunte: »So ein großer Raum! Darf ich den wirklich haben?« Wir überlegten beide, wie man dem Kind vermitteln könnte, dass es ein Recht auf diesen Raum habe, und sahen – gleichzeitig! – einen goldenen Schlüssel. Das war das Endbild: Das Kind stand da in dem großen eigenen Raum mit einem kleinen goldenen Schlüssel, der ihm gehörte, um den Hals. Der Zielsatz war: »Ich habe den Schlüssel zu meinem Raum.«

Martina fühlte sich nach dem Prozess »erwachsen« und sah auch so aus.

Alle Teile ihres Unterbewusstseins waren mit dem neuen Verhaltensmuster einverstanden. Auch bei der Vorstellung, ihrem Freund und den Eltern nun gegenüberzutreten, sah Martina keine Schwierigkeiten. Im Gegenteil: Sie erkannte, dass ihre Schuldgefühle ihren Freund geradezu aufgefordert hatten, seine Probleme bei ihr abzuladen.

Ängste

Tanja, eine junge Mutter, der es sehr schlecht ging, rief mich (Lumira) besorgt an. Sie hatte geträumt, dass eine böse alte Frau sie verfluchte und ihrem Baby schaden wollte. Tanja sah, wie diese Frau mit Nadeln in eine Puppe stach, die wohl sie selbst darstellen sollte, und hatte große Angst vor ihr. Wir machten diese Sitzung telefonisch, weil sie zu weit entfernt wohnte, als dass sie hätte zu mir kommen können.

Ich bat sie als Erstes, zu entspannen und sich mit der Erde

und dem Himmel zu verbinden. Dann sollte sie in ihrem Körper nach der Stelle suchen, wo sich das Problem befand. Sie sagte, es sei in der Leber. Es sehe aus wie eine schwarze, stachelige Kugel.

Auf die Frage »Womit hast du dir das Problem erschaffen?« antwortete sie, dass sie viel Wut in sich habe, aber gleichzeitig Angst, sie auszudrücken.

Als Kinesiologin weiß ich, dass die Leber mit Wut, Ärger und Unzufriedenheit zu tun hat.

Die positive Absicht formulierte sie so: »Ich soll Liebe in mein Leben lassen, mich selbst lieben, mein Herz öffnen und göttliche Liebe empfangen.«

Als unterstützendes Farbsymbol sah sie sehr viele rosa Herzen. Ich bat sie, diese Farben und Symbole der bösen alten Frau zu schicken, vor der sie sich so fürchtete. Die Klientin fühlte sich danach viel wohler und hatte auch das Gefühl, der alten Frau gutgetan zu haben.

Schließlich fürchtete sich Tanja nicht mehr vor der alten Frau – die tat ihr nur noch leid.

Ich fragte sie, welches die positive Absicht dieses Mitleids in ihrem Leben sei. Und da sah sie auf einmal ihren Bruder, dem sie als Kind wehgetan hatte. Sie hatte sich das bis jetzt nicht verzeihen können und litt ständig unter Schuldgefühlen. Die beiden hatten jahrelang nicht mehr miteinander gesprochen.

Im Laufe unseres Gesprächs wurde nach und nach deutlich, dass diese alte Frau, vor der Tanja sich fürchtete, ein abgespaltener Teil ihrer selbst war, der ihr Böses zu wollen schien. Ihre Schuldgefühle hatten sich sozusagen personifiziert.

Auf meine Frage, wie sie diese Schuld auflösen könne, sagte sie: »Ich stelle mir immer wieder meinen Bruder vor und sage ihm: ›Es tut mir leid.‹«

Ich fragte sie: »Welches Bild entsteht in dir, wenn du die Worte ›Es tut mir leid‹ benutzt?« Sie war ganz erstaunt, als auf einmal alles schwarz war und sich ganz schlecht anfühlte.

»Wie fühlt sich dein Bruder wohl, wenn er immer wieder dieses Geschenk von dir bekommt?«, fragte ich. Sie erkannte, dass es kein Wunder war, dass er nicht mehr mit ihr sprechen wollte!

»Was könntest du ihm denn stattdessen schenken?«, fragte ich sie. »Was würde er gerne von dir bekommen?«

»Liebe!«, sagte sie. »Ein großes, flauschiges rosa Herz!«

Dieses große, flauschige rosa Herz atmete sie zuerst in sich hinein und schickte es dann ihrem Bruder. Sie spürte, wie gut das beiden tat. Sie schickte das Symbol auch der bösen alten Frau. Daraufhin verwandelte sich die in ein Licht und verschmolz mit Tanja.

Durch die Sitzung änderte sich nicht nur ihr eigenes Leben, sondern natürlich auch das Verhältnis zwischen ihr und ihrem Bruder. Sie rief nach ein paar Monaten an und jubelte: »Mein Bruder ist bei mir zu Besuch!«

Angst vor mündlichen Prüfungen

Zu mir (Lumira) kam ein junges Mädchen, das große Schwierigkeiten mit mündlichen Prüfungen hatte. Sie war jedes Mal überzeugt, die Prüfer, egal ob Frau oder Mann, seien ihr nicht wohlgesinnt.

Als ich sie zu Beginn der Sitzung bat, sich mit ihrem Höheren Selbst und mit der Erde zu verbinden, hatte sie das Gefühl, sich mit dem rechten Fuß nicht erden zu können. In diesem Fuß saß dann auch das Problem.

Als ich sie fragte: »Womit hast du dir das erschaffen?«, konnte sie mit der Frage nichts anfangen. Auch auf die Frage nach der positiven Absicht dieser Situation erhielt ich keine Antwort. Als ich jedoch nach der Farbe der positiven Absicht fragte, sagte sie: »Grün.«

Grün ist die Farbe der allgegenwärtigen, bedingungslosen Liebe, die Farbe von Wachstum und Frische. Es steht für Dankbarkeit, Freude, Vertrauen und Vergebung.

Ich fragte sie, ob es um die Liebe gehe oder um eine der anderen Eigenschaften, und hier wusste sie auf einmal, dass es bei ihrem Problem um Liebe ging.

Sie atmete das Grün und die Eigenschaft der allgegenwärtigen, bedingungslosen Liebe ein. Nun fühlte sie auf einmal eine schwarze Stelle in ihrem Herzen.

Natürlich wollte ich gern erfahren, womit sie sich die erschaffen habe und was die positive Absicht dieser Stelle sei, aber auch darauf wusste sie nichts zu sagen. Einem Impuls folgend, bat ich sie, diese Schwärze einzuatmen, doch das wollte sie absolut nicht. Sie wollte Licht einatmen.

Ich erklärte ihr ganz geduldig und ausführlich, dass wir etwas nur dann verwandeln können, wenn wir es vorher ganz und gar angenommen haben, dass alles, was wir ablehnen, sich verteidigen muss – und schließlich, dass durch die Ablehnung ein innerer Kampf entsteht. Wir müssen uns selbst wie eine Mutter werden, die ihre Kinder auch dann bedingungslos liebt, wenn sie etwas gemacht haben, was nicht so toll ist.

Jetzt war sie bereit, ganz vorsichtig, die Dunkelheit einzuatmen. Sie badete schließlich richtig darin. Sie fühlte sich leichter und merkte, dass sie einfach so sein kann, wie sie ist.

Auf die Frage, was sie jetzt noch brauche, sagte sie: »Gelb«, das bedingungslose »Ja« zum Leben, die Farbe der Sonne und der Freude. Gelb gibt Sicherheit und Stabilität. Es sagt: »Ich bin, wie ich bin!« Sie atmete das Gelb mit dieser Botschaft ein: Es fühlte sich sehr stimmig an.

Auf die Frage, was jetzt mit ihrem rechten Fuß sei, sagte sie: »Er ist noch nicht ganz verwurzelt.«

Sie glaubte, dass sie sich die Situation damit erschaffen habe, dass sie ihren Frust an ihrer Familie ausließ. Die positive Absicht dahinter war: »Dass ich mich ganz annehme, wie ich bin.« Als Farbe dafür sah sie Weiß und außerdem ein Bild von sich selbst, wie sie tanzte. Sie atmete dieses Bild ein und die Eigenschaften der Farbe Weiß – Klarheit, kosmische Ordnung und Heilsein – und fühlte sich wirklich geliebt.

Danach hatte sie ein gutes Gefühl im rechten Fuß. Sie spürte eine lebendige Verbindung zur Erde, sah sich über die Erde tanzen, mit ihr verbunden und doch frei.

Als heilendes Abschlussbild sah sie sich ihre kleine

Schwester umarmen (die symbolisch für ihr eigenes inneres Kind stand). Ihre Affirmation war: »Ich bin, wie ich bin!«

Ich bat sie, sich die Situation einer mündlichen Prüfung vorzustellen, wie sie da steht und etwas sagen soll. Sie erwiderte mir völlig gelassen und souverän: »Pffhh, wo ist das Problem?« Es war aus der Welt! Sie bestand nicht nur die Prüfung, sondern war hinterher auch überzeugt, die Prüfer seien sehr nett gewesen und hätten sie eindeutig bevorzugt!

Die Erkenntnis, dass sie selbst durch ihre Überzeugungen ihr Leben gestaltet, war ein sehr wichtiger Durchbruch für sie. Sie fühlte sich dadurch nicht mehr so ohnmächtig und ausgeliefert, sondern hatte das Gefühl, selbst etwas für sich tun zu können.

In dieser Sitzung sah man deutlich, wie die junge Frau sich verwandelte, nachdem sie die schwarze Stelle in sich angenommen hatte. Zuerst war ihr Widerstand groß: Sie wollte diesen Teil von sich nicht annehmen, sie wollte ihm lieber Licht schicken. Das ist ein klassisches Beispiel dafür, dass wir, wenn etwas für uns nicht in Ordnung ist, es weghaben, abgeben, wegschmeißen oder herausschneiden möchten. Die meisten Leute reagieren mit Entsetzen auf die Aufforderung, alles in sich anzunehmen und auch Dunkelheit einzuatmen. Doch Heilung kann nur stattfinden, wenn alles zunächst liebevoll angenommen wird. Nur dann müssen die Problemstellen nicht mit uns kämpfen und sich nicht verteidigen. Sie können dann endlich »nach Hause« kommen und zu unserer Ganzheit beitragen.

Auch das nächste Beispiel zeigt deutlich, wie das Annehmen von dunklen Stellen zu innerer Ganzheit führt.

Angst vor Erfolg

Ein Mann kam zu mir (Lumira) mit dem Thema »Angst vor Erfolg«. Er befürchtete, wenn er erfolgreich wäre, übermütig zu werden, den Boden unter den Füßen zu verlieren und außerdem angefeindet zu werden – und zwar insbesondere von seinen älteren Geschwistern.

Die Angst lokalisierte er in den Schultern. Er machte sich klein, um nicht aufzufallen, nicht gesehen zu werden. Auf diese Weise hatte er sich in seinem Leben materielle Unsicherheit und Erfolglosigkeit erschaffen.

Die positive Absicht hinter dem Sich-klein-Machen war es, für Sicherheit zu sorgen: Indem er sich klein machte, wähnte er sich sicher vor Anfeindungen und Angriffen. Sicherheit hatte für ihn die Farbe Dunkelblau, die Schutzfarbe, die Farbe der kosmischen Ordnung und Allverbundenheit. Als Symbol dafür sah er einen Fluss vor sich.

Als er das Bild des dunkelblauen Flusses einatmete, lächelte er entspannt, seufzte wohlig und sah schon wesentlich größer aus als zuvor. Es wurde ihm bewusst, dass er auf dem Fluss nur schwimmen konnte, wenn er sich ausbreitete. Das Sich-Kleinmachen hingegen führte dazu, dass er unterging.

Doch es blieben Bedenken, die er im Rücken spürte: »Darf ich das denn? Nehme ich so nicht zu viel Platz ein? Werde ich nicht anecken?« Diese Bedenken rührten daher, dass er es gewohnt war, sicherzustellen, dass sich immer jeder in seiner Gesellschaft wohlfühlte – und nicht etwa einer unversehens auf ihn losgehen würde. Die positive Absicht hinter alldem war also Sicherheit, Harmonie und ein Gefühl von Dazugehörigkeit. Als Bild dazu erschien ihm eine regenbogenfarbene Kugel.

»Regenbogenfarben steht für höchstes Glück und die Verbindung von Himmel und Erde in mir. Es öffnet mich, richtet mich auf, macht mich glücklich und froh. Regenbogenfarbenes Licht bringt mich in Einklang mit mir selbst und vereint all meine Potenziale zu einem wunderschönen, harmonischen Ganzen.«

Der Text berührte ihn sehr. Er atmete die Regenbogenkugel ein und fühlte sich durch und durch glücklich und erfüllt. Die Angststelle im Rücken war nicht mehr zu spüren, die Schultern waren ganz normal. Jetzt stellte sich eine Art Lampenfieber im Bauch ein. Er fragte sich, wie wohl seine Partnerin, seine Freunde und Verwandten auf ihn reagieren würden, wenn er plötzlich glücklich und erfolgreich wäre. Ob sie nicht neidisch werden und ihn ablehnen würden.

Wie wäre es wohl für ihn, wenn fremde Menschen ihn so sehen würden? Das wäre kein Problem, behauptete er selbstsicher. Es wurde ihm bewusst, dass auch die eigenen Freunde eigentlich immer positiv reagierten, wenn er glücklich und stark war.

Die positive Absicht des Lampenfiebers war also: »Trau dich!« Dazu assoziierte er Gold, einen goldenen Regen. Er atmete den Goldregen ein und wurde zu einem »glücklichen Kind Gottes.« Das war die Affirmation, mit der er die Sitzung beendete: »Ich bin ein glückliches Kind Gottes«. Er sah sich gemütlich und sicher in Gottes Armen gewiegt, in völliger Geborgenheit und Sorglosigkeit. Dieses Bild schickte er auch seiner Partnerin, seinen Geschwistern und Freunden – er fühlte sich sehr gut damit.

Das Problem, Erfolg anzunehmen, hatte dieser Mann nie wieder.

Die Schwierigkeit, zwei verschiedene Aspekte in sich zu vereinen

Elena ist eine nette, sympathische Frau. Sie vertraute mir (Anna-Christine) an, dass ihre Persönlichkeit zwei Aspekte hatte, von denen sie nicht wusste, wie sie sie miteinander vereinbaren sollte. Ein Teil von ihr sei ganz normal, falle nicht auf: Sie erziehe ihre Kinder und sei eine gute Ehefrau. Lebe sie aber den anderen Aspekt, sei sie eine weise Frau, die in die Herzen der Menschen blickt und tiefes Wissen und Intuition besitzt. So kam Elena immer wieder in Konflikt mit sich selbst. Irgendeinen Aspekt von ihr, meistens die weise Frau, unterdrückte sie ständig. »Was werden die Leute von mir denken, wenn ich mein intuitives Wissen preisgebe?«, fragte sie sich immer wieder.

Elena fühlte diesen Zwiespalt wie einen Sumpf in den Lungen, wie ein Moor, in dem man versinkt. Sie hatte das Gefühl, keine Luft zu bekommen.

Auf die Frage, wie dieses Moor entstanden sei, spürte sie eine tiefe Enttäuschung. Sie hatte das Gefühl, all ihre Begeisterung sei ihr abhanden gekommen, hörte den Satz in sich: »Das ist doch alles nichts!« Bilder aus ihrer Kindheit stiegen auf: Sie hatte ein kleines Buch gemacht, und ihre Mutter sah nur die Fehler darin.

Die positive Absicht, die sie hinter ihrem Problem vermutete, war: die Wahrheit erkennen und sich selbst darin. Das hatte interessanterweise die Farbe Schwarz. Schwarz unterstützt dabei, die Schatten und dunklen Stellen im Innern, die durch Ablehnung eines Teils entstanden sind, wahrzunehmen, die Kraft, die in ihnen gebunden ist, an sich zu nehmen und sie dem Leben zur Verfügung zu stellen. Aus der Tiefe der Dunkelheit kann etwas Neues geboren werden. Sie sah dazu ein Steuerrad, wie bei einem Schiff.

Sie atmete die Schwärze und auch das Bild des Steuers ein. Dadurch fühlte sie sich besser und leichter. Das Moor war noch da, aber am Rande blühte eine rot-gelbe Tulpe – allerdings mit gesenktem Kopf.

Auf die Frage, wie sie sich das erschaffen habe, meinte Elena: »Ich habe mich immer gefügt. Das macht schlapp. Jetzt kann ich nicht mehr wachsen.«

Sie wollte sich etwas trauen, sich trauen, in das Moor zu springen. Doch das machte ihr eine unglaubliche Angst. Alles in ihr schrie: »Das hab ich mich noch nie getraut!«

Die Farbe von Mut war für sie Gold, das Symbol die Sonne. ist die Farbe der spirituellen Sonne und steht für die höchste Energie, für universelle Liebe und universellen Schutz. Gold hebt die Schwingung auf eine höhere Stufe der Lebensfreude, steht für göttlichen Glanz, göttliche Fülle und Erfüllung.

Sie atmete das Bild ein und sagte dann plötzlich: »Jetzt traue ich mich!«

Sie sprang in das Moor und hatte das Gefühl, unendlich weit und tief zu fallen, durch tiefe Dunkelheit. Es tat ihr gut, sich zu trauen. Und dann kam sie plötzlich am anderen Ende der Welt wieder zum Vorschein: Sie stieg aus einem blauen Ozean voller Delfine und Wale und war Elena, die Meeresgöttin. Es war ein himmlisches Gefühl. Alles war so weit, so frei, so ursprünglich. Sie ritt auf einem Delfin und fühlte sich einfach wunderbar.

Ihre Lunge war ganz weit und klar geworden, von dem Moor nichts mehr zu sehen. Ihr Satz lautete: »Ich bin Elena, die Göttin des Meeres.« Als diese wusste sie, wie man Weisheit und Intuition mit der einfachen Elena vereint.

»Ich kann jetzt beide Teile leben«, sagte Elena. »Ich weiß jetzt, wie. Ich muss meine Fähigkeiten nicht zur Schau stellen, aber ich kann sie ja für mich im Alltag nutzen und einfach alles sein, was ich bin.«

Bekannt sein

Helga, eine Freundin von Anna-Christine, hat ein Buch geschrieben, das von einem Verlag angenommen wurde. Zuerst fand sie das sehr erfreulich, dann aber versetzte es sie in Panik. »Was, wenn es jemandem nicht gefällt?

Was werden meine Arbeitskollegen und Bekannten sagen, wenn sie das Buch mit meinem Namen sehen?«

In ihrem Inneren fühlte sie ein wahnsinniges Geflatter vom Hals bis zum Solarplexus. Angst, Aufgeregtheit und Lampenfieber trieben hier ihr Unwesen.

»Womit hast du dir das erschaffen?«, fragte ich sie. – »Mit Angst vor Kritik«, sagte sie ganz spontan.

Die positive Absicht hinter ihrer Angst war, die Sache so gut zu machen, dass jeder das auch erkennen kann. Diese Vorstellung hatte die Farbe Weiß, und als Symbol erschien ihr eine Lotosblüte.

»Weiß enthält alle Farben in sich und kann deshalb immer benutzt werden. Weiß ist die Farbe der Reinheit und bringt die Reinheit und Klarheit kosmischer Ordnung und damit Heilung in den Körper. Ich bin in göttlicher Harmonie, vollkommen und geliebt.« Sie entspannte sich, als sie die Lotosblüte einatmete. Das Geflatter hörte auf, und ihre Brust füllte sich mit Licht, so, als ob die Sonne aus ihr strahlen würde.

Dann stellte sie sich vor, wie sie auf dem Buchumschlag ihren Namen lesen würde, und es meldete sich heftiger Widerspruch in ihr. Er hatte die Gestalt eines bockigen Esels, der alle vier Beine in den Boden rammt.

Warum war dieser Esel entstanden? »Weil ich mich ganz selten als Schriftstellerin erlebe. Meistens bin ich doch mit meinen blöden Problemen beschäftigt. Ich kann mich nicht damit brüsten, eine Schriftstellerin zu sein!«

Die positive Absicht dahinter war: Ehrlichkeit und Integrität. Dazu sah sie sonnengelbe Butterblumen.

»Gelb ist das bedingungslose ›Ja‹ zum Leben, die Farbe der Sonne und der Freude. Gelb gibt Sicherheit und Stabilität. Es sagt: ›Ich bin, wie ich bin!‹ Ich fühle mich sicher und geliebt. Gelb klärt die Gedanken und macht wach, beweglich, leicht, lebendig und froh.«

Sie atmete das Bild von den Butterblumen ein und gab dem Esel die Blüten zu fressen. Der legte sich daraufhin zufrieden seufzend hin und schlief ein.

»Ich bin eine Schriftstellerin«, war die Affirmation, die Essenz für meine Klientin. Sie atmete dazu eine Wiese voller Butterblumen ein, über der Vögel und Hummeln, Mücken und Engel tanzten – und sie selbst.

Anschließend war es leicht für sie, sich vorzustellen, wie ihr Buch mit ihrem Namen auf dem Büchermarkt erscheint, und auch, wie ihre Arbeitskollegen und alle ihre Bekannten davon erfahren.

Traumarbeit

Natascha hatte einen immer wiederkehrenden Traum, in dem sie sich in ihrem wunderschönen, großzügigen, reich ausgestatteten Haus aufhielt, das Haus aber nicht bewohnen konnte, weil es voller böser Geister war. Ganz schlimm waren diese Geister in der Nacht, sodass sie nicht schlafen konnte. Als sie es erzählte, forderte ich sie auf, im Namen der Geister zu sprechen. Wie fühlten sich die Geister, was wollten sie? Sie schloss die Augen und sagte nach einer Weile: »Sie wollen mich erreichen. Doch ich drehe mich immer weg von ihnen und will sie nicht anschauen.« Das war ein guter Anlass für eine Lumi-Sitzung!

Auf die Frage, wo in ihrem Körper sich dieses Problem befinde, sagte sie: »Im Solarplexus. Es fühlt sich an wie Schlamm und sieht auch so aus, so braungrau.«

»Womit hast du dir diesen Schlamm erschaffen?«, wollte ich wissen. »Ich bin vor mir weggelaufen, habe weggeschaut, mich mit sinnlosen Sachen beschäftigt und mir was vorgemacht«, war ihre Antwort.

»Was ist die positive Absicht?«, wollte ich wissen. Natascha sah ein sehr interessantes Bild: Sie hing an einem Gummiband. Das Gummiband war straff gespannt, sodass sie sich mit aller Kraft an einer Eisenstange festhalten musste, um nicht nach hinten gezogen zu werden. Sie wehrte sich also mit Händen und Füßen dagegen, zurückzuschnellen. Sie fürchtete sich richtig davor, loszulassen.

Die positive Absicht? Sie sollte erkennen, wie idiotisch das Weglaufen war!

Natascha sah die Farbe Braun vor sich. Braun ist die Farbe der Erde, unserer Heimat, unserer Herkunft, unserer Wurzeln. Braun gibt uns Sicherheit, Wärme, Geborgenheit, Ruhe und Gelassenheit. Es unterstützt uns dabei, auch einmal stehen zu bleiben, zurückzuschauen und dann bedächtig weiterzugehen. Dazu sah sie einen riesengroßen Eichbaum vor sich.

Sie atmete dieses Bild in sich hinein und fühlte, wie sie zu der Eiche wurde.

Der »Schlamm im Solarplexus« war danach weniger geworden, aber noch vorhanden.

»Wodurch hast du dir diesen Rest Schlamm erschaffen?« – »Durch zu viel Denken, zu viele Aktivitäten und zu wenig Stille.«

Die positive Absicht: zu lernen, sich auf einen Punkt zu konzentrieren, das Wesentliche zu erkennen. Das hatte die Farbe Magenta, die Verbindung zwischen Lila und

Rot und gleichzeitig zwischen Himmel und Erde, dem Göttlichen und dem Irdischen. Sie steht für göttliche Inspiration, die Manifestation des göttlichen Plans auf der Erde, die durch mich geschieht.

Natascha sah dafür wieder eine Eiche, aber diese hatte sich in einen Baum verwandelt, der um den göttlichen Plan wusste.

Sie atmete dieses Bild tief ein, und ihr Gesicht entspannte sich zusehends.

Die Gegend um ihren Solarplexus sah jetzt ganz rot aus, und hier stand eine goldene Schale.

Sie formulierte den Zielsatz: »Ich ruhe in mir.«

Ich fragte, ob alle Teile ihrer selbst damit einverstanden seien, und es kam sofort Widerspruch von einer Stimme, die von außerhalb ihrer selbst sprach, von irgendwo vor ihrer Nase: »Nein«, sagte diese Stimme energisch. »Nein! Du hast schon so oft etwas gewollt und visualisiert, und es ist nie geschehen!« Und dann nannte sie zahllose Beispiele dafür, warum ihr neues Lebensgefühl scheitern musste.

Die positive Absicht dieser Stimme war, dass Natascha ihre in alle vier Himmelsrichtungen verstreute Kraft einsammeln und zentrieren sollte. Dazu sah sie die Farbe Rot und lauter Herzen. Sie atmete rote Herzen aus Süden, Westen, Norden und Osten ein und fühlte sich mit jedem Atemzug mehr bei sich. »So ist es gut«, sagte die Stimme, und Natascha sah sich wie im Märchen in einem roten, mit Perlen und Edelsteinen prächtig bestickten Gewand und mit einer zwiebelförmigen Krone wie die russischen Märchenfiguren »Wassilissa Prekrassnaja«, die Allerschönste, oder »Wassilissa Primudraja«, die Allerklügste, durch die Felder tanzen und singen, und alles war von ihrer Gegenwart gesegnet und erblühte in Ganzheit und Schönheit.

Sie ging nun wieder in das Haus, das sie im Traum nicht hatte bewohnen können. Das Haus war nun noch größer und prächtiger. Es verwandelte sich in ein unendlich großes Schloss voll von wunderschöner, reiner und stiller Energie. Sie fühlte sich sichtlich wohl darin, lächelte selig und sagte: »Ich bin bei mir zu Hause.«

»Früher habe ich eine Besenkammer bewohnt«, meinte Natascha anschließend, »und dachte, ich bin in mir zu Hause! Ist das nicht unglaublich? Da schaffen wir uns Zeug und immer mehr Zeug in unsere Besenkammer und kriegen nie genug, anstatt einfach unser Schloss anzunehmen und darin zu wohnen – und den Mut zu haben, zu sagen: ›Ja, das bin ich!‹«

Was tun, wenn …

… dein Unterbewusstsein nicht mit dir sprechen will?

Wenn dein Unterbewusstsein nicht mit dir kommunizieren will, wendest du die Lumi-Methode auf den Widerstand an. Du fragst ihn zum Beispiel: »Welche Farbe braucht es, um mit dir in Kontakt zu treten?« Wenn eine Farbe auftaucht, liest du in der Farbtabelle ihre Eigenschaften nach, fragst dich, welches Symbol oder Bild dazu passen könnte, und atmest diese Farbe und dieses Symbol ein, schenkst deinem inneren Widerstand diese Farbe. Meistens kann er dem nicht widerstehen und löst sich auf.

Zum Beispiel könnte Rosa als Farbe auftauchen. Rosa ist die Farbe der bedingungslosen Liebe, der Selbstliebe und der göttlichen Liebe und steht für das Öffnen des Herzens. In diesem Fall ist also Kommunikation erst möglich, wenn das Herz sich öffnet und Liebe fließt. Das Rosa in Kombination mit dem passenden Symbol (manchmal auch nur die Farbe allein) macht den Weg frei. Es muss aber nicht unbedingt eine Lichtfarbe sein. Wir haben auch erlebt, dass z. B. Schwarz als Farbe auftauchte. In diesen Fällen mussten die Schatten und die dunklen Stellen im Inneren zuerst wahrgenommen werden, bevor unsere Klienten damit kommunizieren konnten.

… du eine Antwort nicht weißt?

Auf jede Frage kann die Antwort kommen: »Weiß ich nicht«, die alles zu blockieren scheint. Zum Beispiel fällt dir die Farbe nicht ein. Dann fragst du: »Wenn ich es *wüsste*, welche Farbe wäre es dann?« Damit kannst du diese Hürde meist umgehen, denn auf diese Frage bekommst du fast immer eine Antwort. Vertrau ihr, und geh weiter.

Es kann aber auch einmal anders laufen. Eine Klientin von Anna-Christine konnte mit den Fragen gar nichts anfangen, bzw. es fielen ihr keine Antworten darauf ein. Stattdessen sah sie eine ganze Folge von Bildern. Anna-Christine schaute einfach mit der Klientin zusammen den »Film« an, der sich da in ihrem Inneren abspulte, und hakte ein, als bestimmte Farben darin auftauchten. (Die Sitzung ist vorne unter »Schlafstörungen« beschrieben worden.)

… die Farbe, die auftaucht, nicht in der Tabelle steht?

Kein Problem. Du kannst die Farbe einfach einatmen. Die Wirkung spürst du sowieso, egal ob sie in Worten definiert ist oder nicht. Du kannst auch ähnliche Farben in der Lumi-Tabelle anschauen und die Eigenschaften, die bei dir eine Saite zum Schwingen bringen, mit einatmen.

Atme auch Farben ein, die keine Lichtfarben sind und dir

im ersten Moment abschreckend erscheinen, zum Beispiel Schlamm- oder Schimmelfarben. Alles soll angenommen werden.

… du während der Sitzung einschläfst?

Du kannst Lumi-Sitzungen ohne Weiteres als Einschlafmittel benutzen, das ist ganz in Ordnung. Wenn du allerdings wissen willst, was es mit einem bestimmten Problem auf sich hat, und du nicht weiterkommst, weil du immer an einer bestimmten Stelle einschläfst, dann lass dich von jemandem begleiten, der dir hilft, dich zu konzentrieren. Je bequemer du sitzt oder gar liegst, desto wahrscheinlicher ist es natürlich, dass du einfach wegdämmerst. Mache es dir deshalb nicht *zu* bequem!

… du während der Sitzung gestört wirst?

Das kann passieren. Du nimmst dann einfach den Faden da wieder auf, wo du stehen geblieben bist, oder fängst wieder von vorn an: »Wo in meinem Körper sitzt das Problem?«, usw.

Du kannst auch nach der positiven Absicht der Störung fragen, das bringt manchmal interessante Ergebnisse! Wenn du zum Beispiel ein Thema eigentlich nicht anschauen möchtest und dir selbst verbietest, jetzt aufzustehen und etwas anderes zu machen, kommt vielleicht jemand herein und unterbricht für dich die Sitzung.

... du Angst bekommst?

Eine Freundin erzählte mir, dass sie bei jeder Lumi-Sitzung bis zu einer bestimmten Stelle kommt und dann nicht mehr weiterweiß. Wenn sie die Frage »Womit habe ich mir das erschaffen?« stellt, kommt als Antwort: »Angst!« Auf die Frage »Was ist die positive Absicht der Angst?« folgt nichts.

In solch einem Fall ist es notwendig, an dieser Stelle die Angst anzuschauen. Das bedeutet, einen Abstecher zu machen, das vorher ausgewählte Thema kurz zur Seite zu legen und sich zuerst nur um die Angst zu kümmern. Dann wären hier die richtigen Fragen: »Wo in meinem Körper befindet sich die Angst? Wie genau fühlt sie sich an? Wie sieht sie aus? Hat sie eine Farbe, eine Konsistenz oder Form? Oder sieht die Angst gar wie eine Person oder wie ein unheimliches Wesen aus?«

Gerade solch »negative« Gefühle wie Angst werden nicht gerne angeschaut, sondern eher verdrängt. Je mehr man sich aber mit der Angst verbindet, desto kleiner und weniger bedrohlich wird sie. Wie bei allen Dingen ist es auch mit der Angst so, dass sie sich auflösen kann, wenn du sie annimmst und mit ihr kommunizierst.

… du auf deiner Reise Monstern begegnest?

Treib sie nicht aus! Bring sie nicht um! Nimm sie in die Arme! Auch wenn sie furchtbar aussehen und stinken. Es sind Anteile von dir, die vernachlässigt wurden und deine Liebe ganz besonders brauchen.

… du nichts siehst oder fühlst?

Schau hin, wie sich das Nichts anfühlt. Definiere ganz genau, wie dieses Nichts aussieht, welche Konsistenz, welche Farbe, welche Temperatur, welche Form es hat. Frag es nach seiner positiven Absicht – und vertrau der Antwort!

… du dir unsicher bist, ob deine Antworten und Bilder richtig sind?

Richtig und falsch gibt es bei diesen Prozessen eigentlich nicht. Alles, was du an Gefühlen in dir entdeckst oder was an Bildern in dir entsteht, ist ein Teil von dir. Bewerte nicht! Streng dich nicht an. Lass alles zu, auch wenn es dir seltsam, schrecklich oder aufgesetzt vorkommt. Das sind nur deine Bewertungen. Die Bilder sind so, wie sie sind. Die Gefühle sind so, wie sie sind. Du beobachtest nur und arbeitest mit dem, was du in dir findest.

Schlusswort – Erfahrungsberichte

Wir hoffen, dass das Buch dir ein Begleiter auf deinem kreativen Weg zu innerer Ganzheit werden wird. Für uns ist diese Methode wie ein »Taschentherapeut«: Du kannst sie jederzeit herausziehen, wenn etwas schiefgelaufen ist oder wieder eins der vertrackten Muster, mit denen du dich schon so lange plagst, zum Vorschein kommt – *bevor* du ausrastest, in Weinkrämpfe ausbrichst oder andere beschimpfst. Hierzu ein paar Stimmen aus der Praxis:

Lumira: »Ich merke, dass ich mir schneller meiner destruktiven Verhaltensmuster bewusst werde. Ich muss nicht völlig darin versinken, um sie zu entdecken. Ich kann mich besser auf meine Mitte konzentrieren, bin entspannter und lockerer. Das Leben macht mir so richtig Spaß! Ich fühle mich nicht mehr irgendwelchen Personen oder Situationen ausgeliefert, denn ich weiß nun, dass immer eine positive Absicht hinter allem steckt!

Ich bin kein Opfer mehr. Ich bin froh, mir selbst helfen zu können. Es tut wirklich gut, zu wissen, dass ich es bin, die mein Leben und meine Welt in der Hand hat! Wenn mich etwas belastet, muss ich es nicht ewig mit mir herumschleppen. Ich mache eine Lumi-Sitzung und bin wieder mit mir verbunden, kann wieder im Hier und Jetzt sein, ohne dass meine Gedanken ständig zu dem Problem abschweifen müssen.

Ich werde schon darauf angesprochen, wie locker und friedlich ich geworden bin! Und nicht nur ich habe mich verändert: Auch mein Mann, meine Kinder, meine Mutter und sogar meine Katze sind anders geworden. Und ich bin überzeugt davon, dass es daran liegt, dass ich anders mit ihnen umgehe, anders denke, andere Schwingungen aussende. Ich bin ›ganzer‹ geworden, und das spiegelt sich auch in meiner Familie wider.«

Anna-Christine: »Ich habe mich ziemlich verändert. Ein paar schwierige Themen, die mich wirklich lange Zeit begleitet haben, sind gar nicht mehr da! Und wenn wieder etwas auftaucht, ist es kein *Problem* mehr, sondern bloß eine weitere Möglichkeit für eine Lumi-Sitzung. Ich gehe schon wie ein Detektiv herum, um weitere Themen aufzuspüren, die ich bearbeiten kann. Das macht richtig Spaß!

Insgesamt fühle ich mich gesunder, entspannter, gelassener, stärker, schöner, ich bin viel mehr ich selbst. Und ich spüre jetzt, dass das, was ich bin, das Wunderbarste ist, was ich sein kann.«

Elly, eine Klientin, die oft zu Lumira kommt: »Die Methode hat mir besonders im gesundheitlichen Bereich sehr geholfen. Dank ihr brauche ich keine OPs mehr: Ich habe mein Problem durch die Lumi-Methode erkannt und behoben. Die Lumi-Farbbeschreibungen sind zu einem festen Bestandteil meines Lebens geworden: Jeden Morgen frage ich mich nach einer Farbe und stelle mir vor, wie ich diese mit den dazugehörigen Eigenschaften in mich einatme. Das gibt mir ein wunderbares Gefühl für den ganzen Tag.«

Unser Heilpraktiker: »Die Lumi-Methode eignet sich hervorragend dafür, die Hintergründe von Problemen, Symptomen und Beschwerden zu beleuchten und sie gleichzeitig sanft, effektiv und nebenwirkungsfrei zu transformieren. Sie lässt sich zudem gut mit anderen Methoden kombinieren. Zum Beispiel konnte ich bei einer Patientin eine hartnäckige Kreuzbeinblockade, die sich anderen Behandlungen widersetzte, mithilfe der Lumi-Methode erfolgreich behandeln. Ich bin froh und dankbar, dass ich zahlreichen Patientinnen und Patienten mit der Lumi-Methode helfen konnte. Sie ist ein wichtiger Bestandteil meiner Praxisarbeit geworden.«

Wir wünschen dir viel Spaß auf deiner Reise zu dir selbst und dass deine eigenen Bilder und Farben dich auf ebenso kreative wie vergnügliche Weise zu dir selbst und deinem Potenzial führen werden. Wenn du uns darüber berichten möchtest, wie es dir mit der Lumi-Methode ergeht, freuen wir uns über einen Brief oder eine E-Mail an die am Ende des Buches angegebenen Adressen.

Lumira und Anna-Christine

Anhang – Wie alles anfing

Ich suchte nach dem Glück und fand mich selbst.

Lumira

Ich, Lumira, wurde vor vierzig Jahren in Kasachstan geboren. In der atheistischen Umgebung des sozialistischen Staates fanden meine brennenden Fragen nach dem Sinn des Lebens, nach dem Woher und Wohin und Warum überhaupt keine Nahrung. Das Einzige, was es gab, waren Kartenlegerinnen und russischer Aberglaube. Ich sog alle Antworten, die ich bekommen konnte, auf, aber meine Wissbegier wurde nie befriedigt.

Mit achtzehn Jahren begann ich, als Krankenschwester der onkologischen Station des Klinikums Odessa zu arbeiten. Das Leid der Patienten berührte mich tief. Es schien mir so sinnlos zu sein, und meine eigene Machtlosigkeit wurde mir sehr schmerzlich bewusst. In dieser Zeit lernte ich einen Geistheiler kennen, der mir eine ganz andere Sicht auf Krankheiten vermittelte. Auf einmal sah ich den Energiefluss der Menschen, die Aura, die Chakren. Ich erkannte, dass wir nicht nur aus Organen und Haut bestehen, sondern Gesundheit und Krankheit noch durch ganz andere Faktoren bestimmt werden.

Zusammen mit diesem Geistheiler ging ich dann einige Zeit später nach Deutschland. Doch er zog schon sehr bald weiter, und ich saß allein in einem kleinen bayrischen Dorf – ohne mehr als zehn Wörter Deutsch zu verstehen oder zu sprechen! Dennoch – ich weiß nicht, wie – erlangte ich bald den Ruf, eine begabte Kartenleserin und Heilerin zu sein, und die Leute kamen mit ihren Problemen zu mir.

Später, als ich mich besser eingelebt hatte, stürzte ich mich auf alles, was es in diesem wunderbaren Land an neuem Wissen zu erfahren gab: Psychologie, Reiki, Silva Mind Control, Meditation, Kinesiologie, das Human Design System, Feng Shui, chinesische Astrologie, Schamanismus, kosmische Symbole, energetische Reinigung und so weiter und so fort. Ich arbeitete mit behinderten Kindern und lernte sehr viel darüber, wie sie ihr Leben meistern.

Eine Methode, die mich nachhaltig geprägt hat, ist die Psycho-Kinesiologie. Durch sie habe ich gelernt, Konflikte zu erkennen und zu benennen, sie auseinanderzunehmen und das Thema auf eine andere, neue und positive Weise wieder anzugehen. Aber immer noch suchte ich etwas, was jeder anwenden kann, ohne langjährige Ausbildungskurse. Etwas, was sanft und doch wirkungsvoll und schnell – vielleicht durch einen Tageskurs oder ein einfaches Buch – zu erlernen ist. Ich suchte eine unkomplizierte Methode, die im wahrsten Sinne des Wortes jeder anwenden kann. Eine Art Zauberformel …

Mit jeder neuen Erfahrung wurde mir die Kraft der inneren Bilder stärker bewusst. Bei der schamanischen Arbeit bereist man zum Beispiel seine inneren Seelenlandschaften. Ich machte mich also auf den Weg zu meinen inneren Kraftquellen und suchte dort nach der Antwort auf die Frage, wie ich den Menschen einfach und unkompliziert Zugang zu dieser inneren Quelle vermitteln kann. Ich experimentierte und baute schamanische Techniken in die kinesiologischen Sitzungen ein, was beeindruckende Erfolge erzielte. Doch auch diese Methoden waren immer noch zu kompliziert, als dass ich sie hätte weitergeben können.

Da entdeckte ich ein Buch von Valerie Sinelnikov, einem russischen Arzt, der eine Behandlungsweise vorstellte, die ich als »Gespräch mit der Krankheit« bezeichnen würde. Sinelnikov geht davon aus, dass man mit dem Teil des Unterbewussten, der für die Entstehung dieser Krankheit verantwortlich ist, sprechen kann, um so an wertvolle Informationen zu gelangen.[4] Das fand ich sehr interessant. Ich probierte die Methode aus, und sie war gut, aber nach meinem Geschmack zu trocken und zu männlich. Mir fehlten Gefühle und Bilder, mir fehlte meine eigene Kreativität. Ich nahm daher diese wunderbare Sinelnikov-Methode, brachte meine Fantasie, meine Kreativität, meine Gefühle mit hinein und erfand die Lumi-Methode – ein Gespräch mit mir, mit meinem inneren Wissen.

---

4 Sein Buch heißt auf Deutsch etwa *Verliebe dich in deine Krankheit*, bisher ist jedoch noch keine deutsche Übersetzung erschienen.

Dies geschah natürlich nicht an einem Tag. Eher war es so, als ob einzelne Bausteine sich in meinem Inneren zusammensetzten, eine Struktur entstand, die ich zuerst nicht in Worte fassen, sondern nur fühlen und erahnen konnte. Doch nach und nach wurde mir die Umsetzung meiner Ideen immer klarer. Und eines Tages stellte ich fest, dass ich nun keine Hilfsmittel mehr benötigte, um einen klaren Dialog mit mir, d. h. meinem Unterbewusstsein, meiner Seele, zu führen. Ich brauchte jetzt keinen Dritten mehr dafür, auch keine Testmittel wie Pendel, Sensor, Muskeltest oder Karten, um eine Antwort zu bekommen. Das zu erleben war großartig! Plötzlich sah ich alles, was in mir vorhanden war: eine Lehrerin, eine Heilerin, eine Traumdeuterin, eine Künstlerin, einfach alles. Es war mir klar, dass diese Seiten schon immer da gewesen waren, aber erst jetzt war ich in der Lage, mich zu jeder Zeit und an jedem Ort mit diesen wunderbaren, wissenden Aspekten in mir zu verbinden.

Der Alltag bietet viele Möglichkeiten, zu üben und zu wachsen: So polierte und feilte ich beinah täglich an meiner neugeborenen Methode. Es bereitet mir große Freude, die Lumi-Methode an die Menschen weiterzugeben und dann zu erfahren, wie wunderbar sie funktioniert. Die Lumi-Seminarteilnehmer, die sich mittlerweile zu Übungsgruppen zusammengeschlossen haben, bestätigen mir immer wieder die gute Wirkung dieser Arbeit.

Lumira

Auf das Seminar mit dem Titel »Lumi-Methode«, das meine langjährige Mitforscherin und Freundin Lumira an dem vermutlich letzten schönen Herbsttag anbot, hatte ich eigentlich wenig Lust. Ich ging trotzdem hin – und war begeistert. Nachdem ich mich selbst lange mit Heilung, Selbstheilung, inneren Landschaften und Meditation beschäftigt hatte, genügte ein einziger Übungsdurchgang mit der Lumi-Methode, um mich von ihr zu überzeugen.

Auch mich haben die Fragen nach dem Wie, Warum, Woher und Wohin des Lebens von klein auf beschäftigt. Als Schülerin war ich hin- und hergerissen, ob ich lieber Englischlehrerin oder »Hexe« als Beruf wählen sollte, wobei eine »Hexe« für mich eine Person war, die hinter die Dinge schauen, sie verstehen und deshalb beeinflussen kann. Ich bin dann beides geworden, Englischlehrerin zuerst. Nach einem ziemlich kurzen Aufenthalt an der Schule hatte ich allerdings auf den Lehrerberuf keine Lust mehr. Ich fuhr lieber Taxi, lernte meditieren, übersetzte spirituelle Bücher, fuhr nach Findhorn, um Naturgeister kennenzulernen, und machte eine Ausbildung in transpersonaler Psychotherapie. Ich lernte – und das war das Beste, was mir geschehen konnte –, mir und anderen wirklich zuzuhören. Auf diesem Weg des wertfreien Zuhörens entdeckte ich, dass alles – ALLES – in uns vorhanden ist: alles Wissen, alle Weisheit, alle Kraft und alle Schönheit – und dass letztlich das, was ich selbst aus tiefem Herzen will, Gottes Wille ist. Ich erlebte die Einheit aller Dinge. Bachblüten waren eine wichtige Unterstützung, die Alexander-Technik, Focussing … alle Techniken des Loslassens eigentlich, des Loslassens und des Akzeptierens. Später gab mir die »Journey«-Arbeit von Brandon Bayes wichtige Anstöße.

Alles, was ich entdecke, gebe ich sofort in Form von Kursen oder in meiner Einzelarbeit an andere weiter, gebe Bachblüten-, Zuhör-, Meditations- und meditative Tanzkurse, höre Menschen zu und begleite sie auf ihren inneren Reisen.

Lumiras Methode hat mir auf Anhieb gefallen. Wir beschlossen also, unsere Talente zusammenzulegen und ein Buch zu schreiben, damit auch andere sie anwenden können.

Anna-Christine

Kontakt:

Lumira:
Tel.: 08191 – 64 09 639
E-Mail: Lumira.info@web.de
www.lumira.de; www.haus-himachal.de

Anna-Christine Rassmann:
Tel.: 08193 – 8093
E-Mail: annaras@aol.com
www.anna-christine-rassmann.de

Ablaufdiagramm

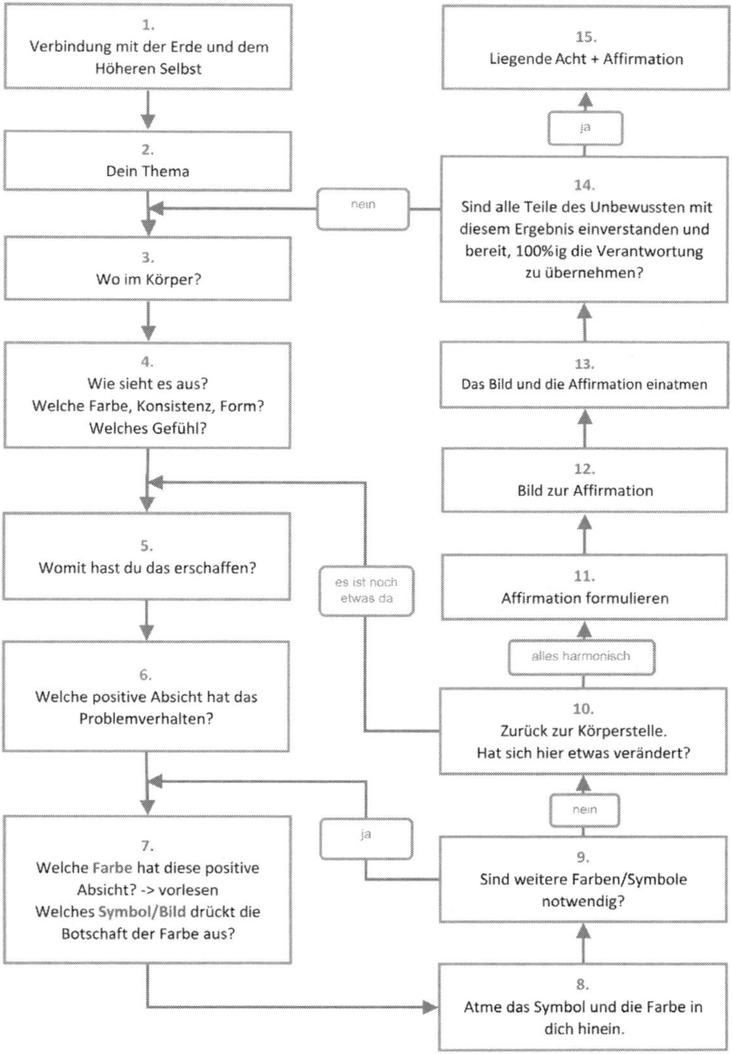

Haftungsausschluss

Die Angaben sowie die vorgeschlagenen Methoden und Mittel zur Selbsthilfe wurden von den Autorinnen nach bestem Wissen zusammengestellt. Die Inhalte wurden mit größter Sorgfalt geprüft. Fehler können trotzdem nicht vollständig ausgeschlossen werden. Inhaltliche Fehler eröffnen keinen Haftungsanspruch gegen die Autorinnen oder den Verlag. Alle drei übernehmen daher keine Garantie.

Die Inhalte dieses Werkes sind keine Heilzusagen und ersetzen in keinem Fall die Diagnose und Therapie von Erkrankungen und anderen körperlichen Störungen durch einen Arzt oder Heilpraktiker. Autorinnen und Verlag distanzieren sich daher ausdrücklich von Heilaussagen und Heilversprechen. Die beschriebenen Methoden und Vorschläge sind kein Therapieersatz.

Alle Informationen sollen Ratsuchenden eine unverbindliche Hilfe sein und können eine Therapie begleiten. Jeder Benutzer wird allerdings dazu angehalten, ein Risiko sorgfältig für sich selbst zu prüfen beziehungsweise die Unbedenklichkeit für diesen Einzelfall durch Konsultation eines Arztes überprüfen zu lassen.